用什么撑起孩子的未来

陆凡 著
安妮 绘

中国发展出版社
CHINA DEVELOPMENT PRESS

图书在版编目（CIP）数据

用什么撑起孩子的未来/陆凡著；安妮绘．—北京：中国发展出版社，2013.7

（生命的藤架系列）

ISBN 978－7－80234－970－4

Ⅰ.①用… Ⅱ.①陆… ②安… Ⅲ.①儿童教育—家庭教育 Ⅳ.①G78

中国版本图书馆 CIP 数据核字（2013）第 139990 号

书　　　名：用什么撑起孩子的未来
著作责任者：陆　凡
插 图 作 者：安　妮
出 版 发 行：中国发展出版社
　　　　　　　（北京市西城区百万庄大街16号8层　100037）
标 准 书 号：ISBN 978－7－80234－970－4
经　销　者：各地新华书店
印　刷　者：北京科信印刷有限公司
开　　　本：700×1000mm　1/16
印　　　张：19
字　　　数：239 千字
版　　　次：2013 年 7 月第 1 版
印　　　次：2013 年 7 月第 1 次印刷
定　　　价：32.80 元

联 系 电 话：(010) 68990625　68990692
购 书 热 线：(010) 68990682　68990686
网 络 订 购：http://zgfzcbs.tmall.com//
网 购 电 话：(010) 68990639　88333349
本 社 网 址：http://www.develpress.com.cn
电 子 邮 件：forkids@sina.cn

前言　FOREWORD

　　孩子未来会怎样？现在我们眼皮底下被精心呵护的孩子，他们将来会幸福吗？父母要做什么，才足以支撑起孩子的未来？

　　一个生命的成长、成熟，就好像葡萄要结成果实，爬满了整个藤架一样。孩子小小的年纪，需要的不仅仅是规范，他们就像小葡萄树一样需要滋养和支撑力量。我所推崇的教育理念，根基于价值观体系在孩子生命中的构造，希望给孩子以生命的滋养，给孩子以信念的支撑力量。

　　价值体系，若可形成坚固的葡萄藤架，将使葡萄有附着的力量可以蔓延、生长、结果。缺乏价值体系的孩童，纵使果实累累，也无法蔓延条理，渐至烂在地上，甚为可惜。而混乱的价值体系，仿似随便搭建的藤条，使生命杂乱无章，满目混杂，不会有更深层的发展。

　　这个藤架所结的果实，代表一个个真实的生活技能，是丰富生命在生活实际中的具体应用和展现。如品格力、决策能力、豁达、人际互动能力、表达力等；也可以是一个个成功的果实，如满足感、幸福感、学业有成、职位升迁、对社会有贡献等。

教育是一个持续的过程，从生命的孕育开始，会经历无数个日日夜夜，会遇到很多实际问题，而问题的出现往往正是好的时机。就好像葡萄嫩枝正在寻找藤架，教育孩童正是为葡萄枝子搭建藤架，为孩童搭建成长与发展所需的"生命藤架"，使正面的价值观清晰地释放在孩子生命中。

在这本书中，我希望借着我多年的辅导案例以及活泼的插图和动态的分析，把教育孩子的方法，或称生命藤架的搭建方法，简单、形象、具体地展现出来。这本书不会是"1-2-3"的教科书，也没有一些奇异的妙招，它具体地描绘了如何通过生命藤架的搭建，将一个很朴实的价值体系落成在孩子的内心里。我力图引导家长在注重孩子外在体格、身体健康的同时，也注重完全地建造、充分地培育孩子内里的健康。这样一个生命藤架的搭建，所培育出的孩子在将来的各种情况下，面对困难和危机时，保有正确和健康选择的能力。这是对孩子未来幸福的最好支撑。

作 者

2013年于北京

目录　C O N T E N T S

Part 1　生命的藤架

价值观：有生命力的"智慧"……

以生命藤架撑起孩子的未来…………027

教育孩子，搭建结实牢固又整齐的生命藤架……

把握好时机，帮助小藤蔓搭牢在藤架上……　好的生命架构，带出好的生命作为……

Part 2　生命藤架上的果实

Part 3　父母要预备家庭文化

Part 4　孩子的成长教育规划

Part 5　让价值观生根于心

Part 6　谁在为你的孩子搭建藤架

Part 7　给家长的四封信

孩子总是想着自己的需要？......

我能回答孩子的问题吗......　我一定要管他吗......　我是否应该打骂、体罚孩子......

青少年期是不是会很可怕......　孩子将来会怎样待父母......

生命的藤架

引言 爸爸妈妈要思考

养儿为什么

中国千年来的文化传统是"养儿防老"。宋朝时的陈元靓《事林广记》便有载："养儿防老，积谷防饥。"有一次，我的一位朋友说，不敢再管他孩子了。因为再管可能要伤感情了，老了还怎么依靠？现在越来越多大龄青年，即所谓的"剩男""剩女"，常常被长辈唠叨的就是，不结婚生孩子，到老了谁养你？这都是传统的"养儿防老"型父母。不过，其实对剩男剩女这一辈来说，做"养儿防老"打算的已经不多见了。

有一天，另一位朋友向我讲了这样的故事。他们全家一起看电视，节目是讲述一个孩子照顾他残疾母亲的故事。晚饭时，夫妻俩问了儿子一个问题："有一天，爸爸也像那个残疾人一样，你会不会那样照顾我呢？"朋友坦言，听完儿子的回答，他们夫妇已经很清楚，他们要照顾好自己，因为可能根本指望不上孩子。儿子的回答其实并没有拒绝他，十三岁的儿子说："爸爸，那时我可能也很有压力，不一定有钱啊。"

正像其他为数不少的父母一样，他们夫妇根本不在乎孩子将来"啃我们"（啃老），他们也不指望孩子给自己养老，打算自己养自己，他们看开了，不做"养儿防老"型。那他们养儿看重的是什么呢？"我们的孩子一定要成功，一定要出众。"我把这类父母理解为"望子成龙"型。

其实在大多中国父母眼里，教育的目的就是培养孩子上大学，我们会尽全力把孩子送进名牌大学。我们处处为孩子打算，从上小学甚至从入幼儿园开始就到处奔波为孩子选择名校，以期为孩子铺好将来的路：要上好大学，要有好工作，要能挣大钱，要事业有成，要出人头地……**希望孩子有成就没有错，但是，我们应当反问自己：这就是成功吗？**

我知道一名家境平平的大学生短短几日内将万余元学费挥霍一空，因老师知情后对其严加约束，没想到他却感到自尊心受损，欲投河自杀！为什么我们的大学生竟然受不起一句管教的话？近年多次看到令人惋惜的发生在高校的自杀事件，那些看上去优秀、强健、成功的年轻人，为何放弃青春年华、大好前程？究其原因，多是因求职失败、感情受挫或人际关系紧张。为什么我们的大学生经不起一点求职或感情的挫折？为什么我们的大学生在父母铺就的成功之路上考入大学，还未走进社会，就在压力和适应力的困难当中折翼呢？

一次，我与几位友人去一个朋友开的餐厅用餐。服务生态度懒散，席间几次叫不应。本着对朋友负责的心，我们向他反映服务不到位的问题。没想到朋友却开始倒苦水，原来服务生根本说不得，一说他们，不是弄哭两个，就是请辞走掉两个。这里有服务业缺人的因素，而更关键的是从业者几乎都以挣钱为唯一目的，有人甚至为了工资差十块都会"跳槽"。这些年轻人，已经越来越没有耐心过平常踏实的生活，他们渴望着一夜暴富，不劳而获，过上穷奢极欲的日子。叹息中我们不禁要问，难道有钱就代表成功吗？即便将有钱视为成功，内心如此脆弱的年轻人，可能成功吗？

其实，作为父母，需要有这样深层次的思考：为什么要养儿？该如何育儿？身为父母应当问问自己：我的教育理念是什么？我想养出什么样的孩子？孩子从小长到大，**我们要为他们做什么，以至于孩子成长起来，会是一个成熟且有社会适应力的人，是一个对养育的父母知恩报恩的人，对他人和社会都是一个"对"的人？**

我是哪一型的父母

除了"养儿防老"型、"望子成龙"型的父母，我观察到的还有：

——"只养不教"型，或者称"放羊吃草"型，认为自己的任务主要是把孩子养大。既然生了他们，就要养他们。给他吃、供他穿、提供教育花费就好了，至于能够成为什么样的人，就看孩子自己的努力和造化了。这型多见于一些需要到外地打工的父母，或者觉得自己不会教育，把孩子推给配偶、亲人、他人管教的父母。建议这样的父母一定要看第2章和第3章。

——"摸着石头过河"型，属于遇见问题才来解决，出现状况再说，顺其自然型。这样的父母也具有代表性，或许第4章更合适你们的需要。

——"全力配合"型，对孩子有求必应。若是走向负面极端，也可称为"孝子"（孝顺孩子）型；但是若是发挥到正面极致，此类父母亦愿意为了孩子而改变自己，愿意在教育孩子中一起学习成长，勇于突破自己，是值得钦佩的父母群。有关父母如何从负极端变为正极致，请反复阅读第5章。

——"经验至上"型，属于抱着过去良好经验不放的。他们缺乏对现实社会新问题的认知了解，以至于在很大程度上会让孩子觉得"老套""不了解自己"，容易产生与孩子的疏离感。发挥到极致，就是"唯我独尊"型，孩子各方面的教育都以"我"的喜好和经验为向导与标准。但是只要这类父母愿意面对问题，放下做爸爸妈妈的尊严，他们又是很快可从新情况中总结经验而大受欢迎的一群。如何使孩子开始喜欢你，更愿意和你敞开分享，或许第3章和第6章会对你有帮助。

——"生搬硬套"型，他们非常爱自己的孩子，也很虚心，觉得自己不懂教育，所以到处求教，通读书店摆出的所有教育类书籍。他们的每一个关注点都是"怎么办?""该怎么回答他?""该怎样做?",他们似乎得到了很多问题的答案,但是却发现孩子的问题依然层出不穷。这型的父母,或许可在第5章和第7章中寻得一些帮助。

——"混合"型与"不知所措"型,觉得自己上述每一型都有一点,或者根本不知自己属于哪型,在教育中,常常不知所措。但如同上述每一型,作为父母都是那样爱孩子,希望孩子成长得好,请阅读全书。

用什么撑起孩子的未来

读者不必一定想出自己是属哪一型的父母,重点是了解**父母的教育理念常常会决定教育的实质,而教育实质又决定了孩子一生的幸福**。这些类型各自代表了不同的教育理念,因此也就发展出不同的教育方式。不同的教育理念和方式,也自然会带出不同的教育结果。

我们都不希望等到下雨再来修房,那时已来不及了,要未雨绸缪。如果把教育孩子比作建造房屋,我们现在就要思考他们缺乏什么,哪部分会脆弱,当生活中的"风浪"来临时,他们可以经得起吗?中国人说"育树为人",如果把教育孩子比喻为育树的过程,我们教育的孩子,会否树干粗壮不易折断,并且结满了散发着芬芳气息的果实?

我们要问自己的是:我的教育理念是什么?我们将会把孩子引向何处?孩子能否面对将来错综复杂的社会及人际关系?可否承受压力和挑战?能否欢乐生存且具幸福感?愿否坚持自己认为是对的东西?到底什么才可以撑起孩子的未来?

什么可以架构人内在的生命

若是再次审视生活中那些不敬父母的孩子、令人惋惜的自杀大学生,以及那些被老板抱怨的年轻人的成长过程，我们会发现，他们的生活历程中少了些品格的培养，例如尊重、慈爱、宽广、勇气、忍耐、勤奋、尽责等要素。起码的尊重和宽广，也不会导致对父母的无理和无情，些许的勇气与忍耐就可以抗得起受挫的感觉和短暂的失败，而勤劳与尽责是职业人的立足之本。

他们的生命中，也缺乏人际关系互动和受挫能力的训练，以及人生意义的探索。或者更直白地讲，他们缺乏对自己的价值和周围人事物及社会的认知，没有正确的人生观、世界观。他们不明白这一生的价值，不明白作为人是有使命的，同时他们的行为和思维模式都不够成熟。不可否认的是，这些都是内心健康机制的组成元素。

一个看起来外在强健的体格，一个看起来优秀成功的外表，都不能代替一个稳定且强壮的内心健康机制。到底是什么，可以构筑一个人内在健康的机制？而这个机制，如何构建在孩子内心，一方面带领他们学业事业成长成功，另一方面辅助他们内心成熟，有生活技能且具人性化？

如同房子是否坚固在于地基是否牢固，果树是否结果在于根部的深浅，外面显出来的壮实和果实，都是由看不见的根基决定的。我把这个根基称为"人内在的生命架构"。

它代表着人的精神世界，无论是上述讲的品格要素，还是对自己价值及周围人事物的认知，以及人的思想行为模式，都是这一内心健康机制的元素，而这每一个元素，究其根底，都指向一个人的价值观。这个生命架构，就是人的价值观所组成的价值体系，它构建在人的内心，决定了人里面的健康程度。

人种的是什么，收的就是什么

英国作家萨克雷有句名言："播种行为，可以收获习惯；播种习惯，可以收割性格；播种性格，可以收获命运。"这正应验了一句古圣言，"人种的是什么，收的就是什么。"

农民不可能种土豆，到收获季节却期盼地里结出茄子来。我们种下的是什么种子，收割的就是什么果实。一个人如果用发脾气的行为表达自己的不满，一次、两次关系不大，但渐至多次甚至是每次，他就有了一个发脾气的习惯。当这样的习惯被反复"种"在人际互动中，他的性格中就有了发怒的秉性。而这样一个性格特质一定使他的人际关系紧张，原本关系好的朋友亲人都敬而远之，自己也一定收割"孤家寡人"的"后果"，或人们常用的词——"命运"。

所以这个**生命的公式**可列为：

行为→习惯→性格→命运

再往前推，一个人之所以有一个"行为"，其实是由于他的反应系统先"告诉"他了。就像发脾气，是先恼在里面了，同时做了一个决定，所以反应包括了感受加决定。而继续往前推，其实是"思想"先发动了。思想或许"告诉"他，"他这样对你不礼貌！"，或是"他没道理！""他不应该……"等等。所以思想传递给反应系统，反应系统（感受+决定）带出了一个"发脾气"的行为。

再究其原委，常常潜伏在意识和思想深层次的是一个或几个所谓评判的"标准"，亦即"价值观"。简单地讲，这些"价值观"在我们里面评判、取舍、确立优先次序。

再举一例，如果某人有个价值观为"善良"，代表其思想里充满的是对人良善的意念。当一件事发生时，例如别人需要帮助，这个传输系统会产生一个反应——"我要帮他"，由此，很容易就产生了一个行为。常常这样做（播种），就有一个帮助别人的习惯，逐渐习惯就生出了性格，或者说价值观就变成了品格。"善良"的价值观，

用什么撑起孩子的未来

从思想进入到行为模式，最后使其在生活中成了一个具有"与人为善"品格的人。具有如此性格或品格的人，一定会受朋友欢迎，他可能因为帮助别人而常常得到别人的帮助，因此收割了好运。

因此，这个生命公式就变为：

价值观→思想→反应（感受+决定）→行为→习惯→性格→命运

如果是持续播种对的、好的价值观，就会收割好的命运。好运常指幸福、快乐、成功等等，公式就变成：

价值观→思想→反应→行为→习惯→品格→命运→幸福（成功、快乐等）

当我们持续地更新对的价值观，至终可以带来幸福快乐的"命运"。

价值观是种子

人的心好像一块"田地"，因此有"心田"一词。心里的价值观，可能是一个有益于孩子成长的，如善良、盼望、尊重等，也可能是错误的价值观，例如自私、贪婪、放弃等。心田里只要播种下有生命力的种子，就开始孕育了收获。

我们今天所收获的一切，都是由于过去的"播种"所带来的。因为种什么，就收什么。但是，如果我们在收割某些"养儿烦恼"时，从现在开始，也播种一些"对的种子"，那我们也可以满怀信心，期盼着将来某一天的收割。

我所推崇的教育理念，就是**持续地播种对的价值观在孩子心田里，再配上好的经验、智慧的方法，一定可以育出孩子好的品格**，至终使他们收获丰富的人生、幸福的命运。这里所指幸福、丰富的人生，是指人里面和外面的全部。里面健康的生命架构，其实就是指一个好的、对的价值观体系。这个价值体系，可以构建在孩子内心，足可以撑起孩子的未来。

这套教育理念的实质，就是一个生命架构的培养过程。父母需要做的，就是专心经营这个心里的价值体系，持续地播种对的、好的价值观给孩子。那么，如何构建这个生命架构呢？在讨论价值观之前，我们必须先来认识生命的价值。

生命，意味着什么

孩子的出生对你来说重要吗

每一个生命的到来，都不是一个"巧合"或"错误"。人之所以有"价值观"，究其来源，即始于"生命是有价值的"这一信念。生命是宝贵的，没有任何一个人可以轻看自己或他人的生命及价值。

孩童一出生，意味着一个新生命的开始。这个小小的个体生命，有着极其重要的价值和生存意义。小生命成熟后也会产生新的价值，体现在个人成就、家庭延续、社会贡献等，这就是个体生命的价值。我们应该常常提醒这个小生命："你的生命是有价值的，人生是有目标的，你要寻求那个为你预定的人生使命，你的出生对我们这个家以及这个世界都很重要。"

"生命是有价值的"应该是我们在孩子心中播种的第一个价值观。有价值感的生命一定会带给孩子使命感。有使命感的孩子做任何事有志向、有动力，常感到人生有意义，也易有幸福感。

生命有"贫乏"有"丰富"

我有幸参与了贵州盛华职业学院的创办。2011年，这所公益学校向贵州偏远及少数民族地区优秀但贫困的学生开放申请，提供奖学金，以期他们可以低成本完成高等教育。学校还设立"光明天使学院"，向愿意上进的盲人学生提供高等教育。但是那一年，全贵州的高中毕业生中，盲人学生数字为零。据了解，2010年，全省盲人高中毕业生仅有一名。相对于全国1700万的盲人数字，这个比例让几位校领导迷惑不解。细查原因，据有关人士讲，很多父母因为生了盲孩子，觉得没脸见人，常把孩子锁在家里，加上上学困难等因素，盲人学生能够读完小学、初中就很不错了。

盲孩子的生命没有价值吗？残障孩子的生命就没有价值了吗？

有一位瑞典姑娘，叫莲娜·玛莉亚，1968年出生时即没有双臂，左腿只有右腿的一半长。莲娜的父亲说，当获知莲娜是一个重度残障者，内心有很深的挫折感，甚至不愿告诉别人他有小孩。但是爱的力量，成为他们遇到困难时的支柱。他们教育莲娜独立、自信，用脚完成所有手能做的事——打字、拿筷子、开车、弹钢琴……许多看似不可能的事，小莲娜都一一办到了。

莲娜3岁学游泳，4岁拿针刺绣，中学时缝制了第一件洋装。15岁进入瑞典游泳国家代表队，18岁参加世界冠军杯比赛，打破残疾人世界纪录，并且以蝶式游泳夺得多面金牌。19岁拿到汽车驾照，喜欢和朋友驾车出游。音乐是她的最爱，进入大学专攻音乐，成为知名演唱家，荣获瑞典皇后单独接见，还发行了8张CD专辑。

没有双手，生活必定会遇到许多困难，但莲娜·玛莉亚在生活上的大小事务均能自理，她本可以抱怨上天或父母没有给她手，但她反而坦然地说："我不需要手，因为**人生的快乐并不在于有没有手，而在于生活中有没有爱。**"

强大的信念及价值观塑造了一个坚忍不拔、感恩乐观的人。她的成长在告诉人们，每一个生命个体都是有价值的。她的生命所散发的影响力不仅表现在自身价值的增加，还体现在对他人生命价值的帮助和影响。无数活在生命边缘的人，因着她的生命而重新燃起希望，获得力量。

这就是生命价值的"倍增"属性，我们应当力求使自己及我们的孩子的生命价值持续"倍增"。把那些看为无价值的转化成有价值的，因为生命是无价的。莲娜的故事也说明了生命的另一个属性，即个体生命有"贫乏"和"丰富"之说。

这几年，国内电视连续剧多跟"房产"有关。其中一部电视剧讲到一家几个儿女争夺房产，剧中儿媳妇因为想多拿一套，竟然私改公公的遗嘱。她说服先生的理由是，"我不是为我自己，我是为了我们的儿子，儿子有了房子，将来就不用面对可怕的竞争，有房有钱会让我们的儿子生活好很多，有保障"。

我想这位媳妇的"保障"就是"孩子会幸福一些"的意思。但是，有钱有房就会使孩子幸福吗？心理学家丹尼尔·吉尔伯特（Daniel Gilbert）博士在他的《撞见幸福》（*Stumbling into Happiness*）一书中说："一年挣5万美元的美国人比一年挣1万美元的美国人要幸福得多，但是一年挣500万美元的人并不比那些一年挣10万美元的人幸福。"这与埃德·戴尔娜（Ed Diener）博士和马丁·塞利格曼（Martin Seligman）博士的研究结果是一致的。这两位博士对金钱与快乐的联系做过150多项研究，通过对研究结果的分析，他们发现和金钱相比，其他一些因素如良好的人际关系、工作上的成就感等，更能增添人们的幸福感。

不可否认，金钱是中性的，它是满足人们基本生活的必需品之一，但狭义地把金钱与幸福画等号，显然并不符合生命的规律。富裕的物质生活并不能保证内心没有担心、怨恨、及无休止的烦恼。那些让父母"养儿防老"愿望落空的孩子们，特别是那些到父母年老却"推"之出门的儿女们，以为自己可以握有更多的房产，使外表看起来丰富，但却难掩内心的贫乏。

外面看起来一个"可怜"的残障儿，好像注定要孕育"贫乏"的生命，但莲娜却享受了一个丰富的生命。莲娜爸爸因着内心的力量，战胜了自己的羞耻和恐惧，教育出了具有同样强大心灵力量的小莲娜，展现了生命的"繁衍"属性和"丰富"属性。可见生命的"丰富"不仅在于外面物质的丰富，更在于内心是否强大。

"心灵强健"决定"幸福快乐"

外面的丰富展现出了物质丰富、享乐、满足，是生命价值的一部分，也就是现代人的流行语——幸福快乐。内心的状态，常表现为动机、目标、心态、抗压性、品格等，是价值体系的重要组成部分。内在生命架构（价值体系）的强健，是所有外在丰富及可持续性的保证，也就是说，**里面的架构决定外面的成长。**

我们常以为自己需要的是外面的，例如年轻人寻找结婚对象，都希望漂亮潇洒的，但随着婚姻生活中与对方相处的加深，对方是否宽宏大量、关心体贴、容易沟通等这些品格因素就显得尤为重要。无怪乎歌德在《少年维特之烦恼》中写道："人之幸福，全在于心之幸福。"人的魅力与美丽，真实来源于心里的丰富。

生命的丰富决定了生活的品质。教育孩童，除了"耕耘"外在的建造，注重物质丰富，如学业、身体运动、营养等，更要注重内在生命架构的"经营"，即为孩子创造一个丰富的精神生活、健全的价值体系，使孩子有使命感、态度正面积极，在生活互动中充实、灵活、理念清晰等等。

生命"改变"始于价值观的更新

戴尔·卡耐基（Dale Carnegie, 1888–1955），被誉为"20世纪最伟大的心灵导师"。他是美国现代成人教育之父，国际著名的心理学家和人际关系学家。

卡耐基九岁的时候，父亲把继母娶进家门，第一次见面，父亲是这样介绍他的："亲爱的，希望你注意这个全县最坏的男孩，他可让我头疼死了，说不定会在明早以前就拿石头扔你，或做出别的什么坏事，总之让你防不胜防。"出乎卡耐基意料的是，继母微笑着走到他面前，托起他的头看着他，对丈夫说："你错了，他不是全县最坏的男孩，而是最聪明、但还没有找到地方可发泄他的热忱的男孩。"

就是凭借这句话，卡耐基和继母开始建立友谊。也是从这句话开始，卡耐基改变了，因为在继母来之前没有一个人称赞过他聪明。这句话也成为激励他的一种动力，因着继母的话，卡耐基不光改变自己的人生，而且变成效法她，一生立志用话语去激励别人的人。这种生命的改变力量所带出的震撼，影响了几个世代。

生命的"改变"属性是人类生存的盼望。改变的力量，可以把整个人翻转过来。乔治·慕勒（George Müller，1805–1898）的故事，讲述了一个曾是惯偷、骗子和赌徒的荒唐青年，如何改变为一生照顾孤儿总数超过10万的"孤儿之父"。

这个"改变"的力量来自何方呢？生命的改变源于内在价值观的改变。

乔治·慕勒的改变始于朋友培德对他的影响，卡耐基的改变是因为继母的一句话。因为继母说自己"聪明"，卡耐基对自己的价值观改变了，从而产生了生命的改变。而乔治·慕勒不但从原本自我"颓废"的价值观中走出来，看到自己生命的"浪费"和"贫乏"，更认识到生命价值的可贵，是可以"繁衍""倍增""丰富"的，转而去照顾无数的孤儿。他们都因价值观的改变丰富了自身的价值，又逐渐以"丰富"他人的生命为一生的目标，也使自己生命的价值得以最大化。

教育实质：挖掘生命的价值，并使之最大化

卡耐基14岁时，继母给他买了一部二手打字机，并对他说，她相信他会成为一位作家。他接受了她的想法，并开始向一家当地的报纸投稿。卡耐基一生写下的《沟通的艺术》《人性的弱点》《快乐的人生》《友谊的秘密》和《卡耐基人际关系学》等书出版之后，风靡全球，先后被译成几十种文字，被誉为"人类出版史上的奇迹"。来自继母的这股内在力量，激发了他的想象力，激励了他的创造力，使他成为20世纪最有影响

力的人物之一。

这位母亲从一开始就肯定了小卡耐基的价值——聪明，尽管她对他的顽皮和不听话心知肚明。随着教育的进行，她还观察卡耐基的特点，鼓励他大胆尝试写作。也就是说，卡耐基的母亲不光肯定了他的价值，还挖掘、开发了新的价值，使这个小生命的价值得以发展、倍增、丰富。

教育孩童，就是这样一个改变孩童生命的过程。其核心就是肯定和挖掘小生命已具备的价值，并且播种和建造适于小生命成长发展所需的价值体系，期待个体生命的开花、结果，期待孩子生命价值的最大化。

莲娜爸爸对莲娜的影响，使我们看到生命"繁衍"的属性。父亲强大的内心力量，来源于内在坚固的生命架构。这个价值体系随着莲娜的出生，没有淹没在失望当中，也没有被环境所摧毁，相反支撑住了父亲自己，又传递给了小莲娜，支撑起莲娜的未来。

从莲娜、卡耐基、慕勒，我们都看到了生命的"丰富"和"倍增"特性。

生命的"改变"特性告诉我们，一切的改变都源于价值观的改变。父母的工作，在于播种、存留好的价值观，像卡耐基的母亲一样，挖掘那些好的价值属性，使其生命持续成长，得到生命价值的最大化。

价值观每时每刻都在传递，影响和改变着生命。没有价值观就没有真实的生命成长。

生命的藤架

如果把孩子的成长喻为一棵葡萄树

如果把孩子的成长喻为一棵葡萄树的生长过程，我们可以清楚看到：葡萄树结出果子，是一个从树苗开始，长出嫩枝、发芽、开花，直到结果的过程。它需要有对的土壤，充分的外在条件，如水分、阳光、疏枝，等等。父母正是栽种的人，其中一个重要的环节，就是为其搭建"藤架"。

藤架有多高，葡萄就能长多高，藤架有多大，葡萄藤才可伸展多大。葡萄藤架有力地支撑着葡萄枝子的攀延、生长、发芽、结果。它的存在，使原本无序、散乱的葡萄枝，有了附着的力量和生长的方向。它的存在，帮助幼苗自己吸收水分、接触阳光，最后长成葡萄树，结出自己的果实。

生命需要成长、成熟，就好像葡萄树要结成果实，爬满了整个藤架一样。教育孩童就像为葡萄枝子搭建藤架一样，父母需要为孩子搭建一个"生命的藤架"，其实就是搭建一个支撑着他们的"外在"价值体系。父母的价值观信条，好像藤架中的每一根支架，交错纵横，向上支撑整个藤架，也向周围展开整个葡萄藤。这个"生命的藤架"，会确保小生命至终长大成熟，孕育出自己的内在生命架构，即孩子自己新的内在价值体系。

谁来搭建生命的藤架

孩子生命的藤架，主要的搭建者应该是父母，但是父母并非唯一的搭建者。你会发现，社会的价值、时代的流行，以及教育环境、老师朋友等，也都在影响孩子的生长方向。时代的价值观、孩子身边老师或朋友的价值观，不知不觉就成了孩子自己的价值观。

价值观的影响力不可被忽视，**父母要常作思量，是谁在教育我们的孩子？** 父母担负着搭建、维护这个藤架的角色。换句话说，支撑孩子的外在价值体系，由父母的价值观、时代价值观、孩子周围其他人的价值观等组成。父母要担负起监护的责任来。

这一整个外在的价值体系，若可形成坚固的生命藤架，则可使儿童有附着的力量蔓延、生长、结果；而若缺乏坚固藤架的支撑，纵使果实累累，也会无法蔓延条理，渐至烂在地上，甚为可惜。而混乱的外在价值体系，仿似随便搭建的藤条，使儿童的生命杂乱无章，满目混杂，不会有更深层的发展。

生命藤架，其所确指的是内里精神的丰富。一味强调物质的丰富，如"金钱至上""实用主义""一切以利益为导向"并非是健康全面的价值体系。搭建健康的生命藤架主要应考虑的是个体的成熟、生活的应用，以及孩子将来人性化的发展。

生命藤架的整体架构

生命的藤架，究竟是怎样的呢？弄清楚这个问题，有助于从生活的琐碎细节中随时跳出来打量自己的行为。生命的藤架就是我们的价值架构体系。一个人的行为尤其是日常行为很多已成为个人习性，做出时不会细作思考，甚至根本无需思考，但其实所有行为的背后都有他价值判断的支撑。

价值观包括人在心思、意志、行为及生理等各个层面所汇集的信条（信念、理念）。它广泛体现在人生活的各个层面，与生活密不可分。它可以是一个信念独立地发挥作用，也可以是彼此关联的几个信念一起发挥作用。这些信念就是最朴素的价值观或称为基础的价值观。

价值观最初被接受吸收在人的思想或意识层面，但是随着个体的成熟，它亦可进入人的反应、行为、习惯，甚至性格的层面。例如"与人为善，帮助他人"，这种价值观念，最初可能只在思想的层面，或者在行为的层面，而当一个人反复帮助他人，成为习惯，渐至成为此人品格时，他不需要每次都去思考要不要帮人，再去体会内里的反应，而是很自然就会帮助他人。

从某种意义上讲，**人的成熟是价值观逐渐落实在习惯、渐至性格的过程**。而这个过程不是靠想出来的，也不是靠说的，而是在生活中历练出来的。价值观与生活实际息息相关。

在一定程度上，人的成熟也表现在几个信念一同发挥作用。例如，"帮助他人"是一种信念，"帮助人要有智慧"是另一种信念，"帮助他人，不能总是妨碍做我自己生涯规划中重要的事"是第三种信念。在"帮助他人"上，随着生命的成熟，一个人会明白不是一味好心就可以，而需要有智慧才能真正帮到人。例如有流浪汉向我们讨钱，觉得对方挺可怜，可是明明知道他拿了钱会去喝酒，要怎样才能真正地帮到他？

一个好办法就是给他买个汉堡包或给他一张餐券，以此避免他把我们给的钱，继续花在不对的地方。所以，随着生命的成熟，两个相关联的价值观"帮助他人"和"帮助人要有智慧"一同在我们里面发挥作用。再者，如果一个人成天都在帮助别人，他需要第三个信念，即明白每个人的时间都是一样多的，也要留意做自己生涯规划中那些原本重要的事，而非把时间和精力全部花在帮助别人上面。

几个信念一起发挥作用，在生活和人际互动中，就会形成某人特定的思维模式、行为模式，指导他生活中的行为，并带领他做出决定。所以，价值观也是一个人行为取舍的标准和内在基础，无论一个人说出来的或行出来的是什么，其实都来源于内里的动机，即价值观。这种取舍、倾向、动机所带出的个人喜好，以及理念层面所影响而形成的行为模式，都是价值观的范畴。

从认知的角度，价值观的内涵也包括了对自我价值的认知和对周围人事物的认知。正确的价值体系是建立在"自身是有价值的"这一认知基础之上的。人的生命价值更具体地在各个层面的表现的综合，就构成了每个人的价值体系。

美国心理学家洛特克（Milton RoKeach）于1973年在《人类价值观的本质》（*The Nature of Human Values*）一书中，提出十三种（类）价值观：成就感、美感的追求、挑战、健康（包括身体和心理）、收入与财富、独立性、爱（家庭/人际关系）、道德感、欢乐、权利、安全感、自我成长、协助他人。

这些按种类而分的价值观引发了我的思考：价值体系，也就是人内在的生命架构，到底包含了哪些层面？价值观体系至少应该包括三个层面。

第一，是由最为朴素的信念组成的基础或朴素价值观。当这些最为朴素的信念，从心中发出，因着价值观与生活密不可分的特性，渐渐在生活实际当中就形成了人不同的性格。性格有好有坏，可以是正面积极的，例如"尊重""关爱""真实""勇敢"等好品格，也可以是"狂妄自大""自私""欺骗""懦弱"等相反的性情。种子是朴素的品格信念或理念，收割的果子是成熟的品格。

品格不是单讲特质，确切地讲是"品格力"，是一种在生活实际中活出品格的能力。有对象，有方法，有生活实际作为，根据前文的生命公式，它的价值属性同时存在于人的思想、反应、习惯和性情中，是基础价值观最为成熟的表现。

第二，从认知的角度，有衍生价值观，或称认知价值观。价值观的内涵也包括了对己、对人事物、对社会等的认知。这些认知是起初的种子，渐至形成对某方面固定的看法。例如，对人生的看法，就会发展成人生观。对世界的看法，产生世界观。此外还有金钱观、姻亲观、伦理观等。

第三，多个信念一同发挥作用，而形成的行为模式和动机、倾向所带出的个人喜好，也都是价值观的范畴，在此称之为高级价值观。种子为行为模式或个人喜好，果子为个人的生活准则。这些价值观（生活准则）像"座右铭"一样，督导着该人的为人处世，形成此人特定的生活方式。

手里握着一个苹果，只要一松手，苹果就会掉在地上，众所周知，这是牛顿发现的万有引力定律。那么，为什么飞机不掉下来呢？因为只要引擎马力足够，飞机的速度产生够大的空气浮力，就能克服万有引力而不掉下来。如同一松手苹果就会掉下，飞机遵行自己的飞行规律，各行各业都有其发展的规律，这些规律你看不见它，但它们在各自的领域都在发挥着作用。

生命的成长也在遵循着生命的规律。生命规律的背后其实是价值规律。例如"物以稀为贵"，它代表了通性，而非个性，因而称之为规律。"人种的是什么，收的就是什么"，就是一条典型的因果律。有了这样的规律，"多行不义必自毙"，也自然成了人的警示；那些奉行"只要我愿意，有什么不可以"为生活准则的人，便会处处碰壁。这样的价值规律，是价值体系中的高级价值观所自然结出的生命规律。

这些由基本价值信念，各类认知所衍生出来、总结出来的智慧，形成了一个更为高级的理念系统，我们称之为"生活准则"。有利于生命成长的，可称之为价值规律。它们有共性，符合生命规律，也有个体差异性，塑造出一个个活泼的生命个体。

无论是生命藤架所构建的外在价值体系，还是生命藤架的外在价值体系所希望孕育出的孩子自身长成的价值体系，都包括了上述三个层面。价值体系由基础（朴素）价值观、认知（衍生）价值观和高级价值观组成。生命藤架下的价值观体系是一个从"播种"到"收割"的成长成熟过程，详见下图。

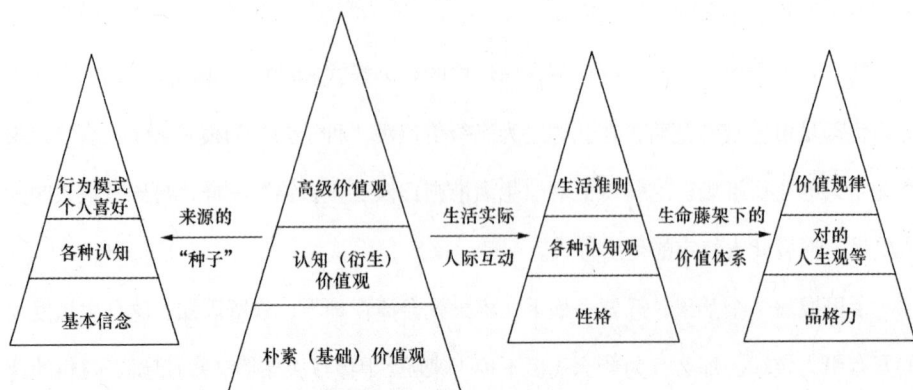

生命藤架下的价值体系成长图

幸福感：生命藤架上真实的果实

幸福感是个体使命感、成熟度、建造力，以及带有芬芳气息的品格力的综合体现。其表现为孩子主观上会否在个人成就、家人认可、生活品质、人际互动、才干展现、休闲喜好及自我形象等方面，有安全感和自我满意度。这些**自我满意度与安全感所涉及的方方面面，就像悬挂在生命藤架上的果实一样，大大小小，是真实不虚的，使人无可推诿。**

毋庸置疑，在这个"藤架"下孕育的生命，可以是丰富的、有序的，也可以是贫乏的、杂乱的。忽略价值观对孩子的影响，好像葡萄没有藤架杂乱无章，或者随便、临时性搭建的藤架，满目凌乱，孩子的生命无法产生强壮的"结果子"力量，导致生命的匮乏，产生无知与无奈。同样非常可惜的是，这样的孩子易思维混乱，也往往无

用什么撑起孩子的未来

法建立有秩序的生活习惯。

牢固和分布合理的藤架带来丰富和有序的生命。良好的价值体系，把孩子的成长带出了脉络、秩序以及好的展望。这样的孩子容易找到生命方向，易有做事准则和行为规范。孩子的思想会逐渐条理化，自我掌控能力较强，发现问题的角度也多起来。好的价值观带来健全的人格，以及孩子在各种生命互动中的规律发展。

让孩子在一个"对的价值体系"中成长、成熟，易使孩子形成安全感。把价值体系良好地建造在孩子成长过程中，也使他们需要的"满足感"被正确地被引导。被充分肯定了生命价值、了解自己尊贵性和独特性的孩子会拥有使命感，有志向，因而也更易有幸福感。

尊重生命就要认知生命的价值。没有好的价值体系，无法产生有价值的生命。

价值观：有生命力的"智慧"

价值观传递的自然属性

这里所倡导的价值观不是条条框框，教条不易为人接受，价值观的传递应该是自然的。

莲娜的爸爸和卡耐基的母亲都是自然地在传递着他们的价值观。因为价值观是智慧的凝结，由生活的历练而来。莲娜的爸爸传递的是他的生命，就是他背后付出的实质。卡耐基的母亲传递的是智慧和爱，它好像一道光进入卡耐基的生命，激励他改变和成长。

因智慧和生活历练所产生的信念，会使人自然接受，而非被动地去执行，又可经得起时间考验。它不应该产生过多过细的规矩，使孩子无所适从。它是有生命力的，价值观的生命力来源于生活实际，会引发孩子的注意、兴趣，藉者父母的智慧，使之愿意自然跟随或效法。

娜娜问妈妈："为什么橘子是一瓣一瓣的呢？"妈妈说："这就是大自然的杰作，大自然想通过橘子告诉我们，好东西要跟好朋友分享。"娜娜点点头，可是依然"不依不饶"："苹果为什么不是一瓣一瓣的呢？"妈妈笑着说："因为苹果需要你切开，然后和大家分享。"

从这个故事，我们正可以看出价值观和条条框框的区别。如果我们希望孩子学会"分享"，的确可以在家中立一些规矩（规条）来帮助孩子练习和认识。例如饭菜来了，先请爷爷奶奶等长辈吃第一口。这样的规矩在一定程度上是好的，因为它使孩子明白了一些道理。

但是，价值观应该是有生命力的"智慧"。自然地使孩子明白"分享"的意思，并且自发乐意在"分享"上成长，的确需要父母的智慧。若为了形成"分享"的价值观而为孩子立下过多过细的规矩，反而易使孩子产生反感，失去价值观的自然性。

价值观的对照能力

把价值观与纯属的教义分离也是必要的。**价值观无需带来必须做的命令，也不会剥夺个体能动性的自由。**有人把价值观比喻为一面镜子，可以照出心里的亏欠，显明里面的动机，同时也把人引入新的思考。因而，价值观不是教义，而是一种对照的能力。这种能力所带给人的，不应是"对立""忽视""嘲笑""唯唯诺诺"或"阳奉阴违"，而应是"勇敢""面对""思考"及"改变"。价值观是有生命力的，价值观的搭建，应使人自然看到人生命的改变。

价值观的载体

把价值观简单地理解成空洞的道理，也是片面的。价值观的生命力来源于传递者的生命。能否把看似"空洞"的道理，转化成可传递的价值观，都在于传递者本人是否有生命力。俗话说，生命才能带出生命。

　　　　　　　　　　　　　　　　　　用什么撑起孩子的未来

张文质在《父母改变 孩子改变》一书中，以"下班的路应该是回家的路"来阐述要树立一个以家庭为核心的生活价值观念。文中写道：

"我们下班之后，很多车辆不是开向回家的路，而是朝着城市各处的餐馆和各种休闲场所。我们很多最重要的时间，不是和家人、孩子在一起。其实和孩子在一起本身就是最好的教育，孩子的成长不是得益于你有空时和他讲的那些大道理，他成长的好坏和你与他讲的那些大道理没什么关系，也不是因为你给他买了什么礼物、你拥有多少财富。

"而是在每天的生活中，你自然而然地在他身边所作的示范，你怎么细致地理解他，你怎么耐心地陪伴他，你用什么样的眼神看待他，你用什么样的语气和他说话……父母走正道，孩子的路一定也会走得更正一些。"

价值观的"杀手"——只说不做

空洞的说教，无法传递价值观。父母的道理，会否形成价值观，播种到孩子内心，长成孩子的生命，决定因素是父母的榜样。一位大学生在"谁对你产生了影响"的专题讨论会上分享，他的父亲几十年上班，从不迟到，没有无故缺勤。他说，父亲没有反复要求他，但他上课从不迟到！

很多人以为，价值观的建立是在和孩子说道理，道理一讲，孩子自然就明白了。其实不然，价值观是支撑人的信念，太多的道理没有转化成有生命力的价值观的话，则会把孩子"压死"。说教的魅力在于言辞的堆砌，只说不做的父母，会使孩子试图"逃离"，甚至造成孩子的"逆反"。"假""大""空"并非真正意义上的价值观。

价值观是信念

价值观是种子，种子在"相信"的土壤里才会有生命力。价值观本身无法成长，但是遇到对的"土壤"就会开始生长。相信与接受是价值观传递的第一步，孩子必须相信父母，认同父母的生命，才会接受父母所传递的价值观。价值观的传递，是美好的生命传承过程。

美好的人生不是漂亮的口号，而是生活的实际。价值观的内涵决定了它在生活中、人际关系中、创新中的影响力。把价值观与个体生命、生活实际联系在一起，会使孩子将来产生对的生活方向，常有新鲜的生命感动，活出幸福的生活。

搭建生命藤架 父母要明确的前提

● 榜样的力量：价值观的生命力在乎传递者，传递者所带来的影响力才会真正释放使人效法的动力。父母自己借着生活历练所带出的生命价值影响力，会迅速影响孩童并使之产生效法的力量。

● 价值观的形成不是一蹴而就的：生命的成长需要年日。价值观把生命成长与生活实际密切联系在一起，好的价值观需要在实际生活中充分地被父母解说、智慧地引领，孩子才好吸取，并逐步设立在自己的价值体系里。

● 价值观的形成有自然性：价值观不难形成，有自然性，它是好的价值在一代又一代生命之间的传承与体现。

● 父母的责任：把价值观传承下来是必要的，是父母应尽的义务。

● 可以学习并需要学习：如何树立正确价值观在孩子的生命中，父母是需要好好学习的。

用什么撑起孩子的未来

以生命藤架撑起孩子的未来

教育孩子，搭建结实牢固又整齐的生命藤架

把孩子从小带大，父母经历了无数个相处的日日夜夜，记忆中有多少次的互动、对答，还不时伴有争辩、冲突。其实，细细想来，教育孩子和价值观是密不可分的。因为和孩子的每一次互动、对答中，都是父母那些"看不见"的价值观在"指挥"着。那些和孩子的"冲突""辩论"，其实都是双方价值观的"碰撞"。

若是父母认知到生命藤架的作用，简单地讲，可以说**搭建和修剪概括了教育孩子的工作内容**。对于"搭建"，播种和培育就是父母具体的工作方法。首先，孩子所出现的多数状况和问题，是由于父母还未把正确价值观给孩子搭建上。

六岁的泰强和妈妈在商店选玩具。妈妈的同事正好也来买东西，妈妈说："强强叫王姨好!"小泰强抬头看了一眼王姨，没有反应。被妈妈三次要求后，还是没有开口，继续专注于他要买的玩具。妈妈非常尴尬。

这是基本价值观的"播种"问题。妈妈的价值观是"见到人要打招呼，这是有礼貌，尊重人的表现"。小泰强的价值观或许是"我想怎样就怎样""我高兴时才会和人打招呼""我想看玩具，别打搅我"，也可能是"打招呼太难了，我不敢说话"。最大的可能是他根本就没什么相关联的价值观，好像待"耕耘"的田地。

孩子没有展现良好的生活作为，主要是因为无知。这是发现问题，积极教育的时机。父母不必大惊小怪，更不必因此受挫和生气。不管怎样，玩具是不该马上买回家了，否则孩子会有"无论我怎样都可以得到想要的"印象，同样的情况持续会发生，慢慢就形成了坏习惯，养成坏性格。另外，仅告诉他不买的原因，甚至包括妈妈的感受也是不够的。例如"今天不给你买，因为你不礼貌，我很没面子，很生气"。那样的话，孩子可能只学会"看脸色"，以后只注意不惹大人生气，以期达到目的，会表里不一。至少他的认识不深刻，种子"种"得不深，就容易流失。

我们应该把握这个机会，正面教育他："有件东西比你今天想买的玩具更重要""妈妈不给你买，不是不爱你""放心，妈妈会给你买，但是你要先学会有礼貌，见了人要打招呼，这个更重要"。当然，先了解小泰强今天表现的原因，是不认为礼貌重要，还是胆小，又或是不知道怎么办，这样才好对症下药，但要把握时机，正面地搭建价值观。

又如，十岁的婷婷和妈妈突然不说话了，她们彼此生气。妈妈气婷婷的是，昨天有同事来访，婷婷都不知道打招呼。看到她只顾看电视，妈妈提醒她："婷婷，刘阿姨来了，快叫人啊，这么没礼貌。"结果婷婷一声不吭，随手关了电视，走进内屋，再也不出来了。妈妈觉得婷婷太不像话了。婷婷生气的是："说好考完试给我好好看电视，为什么我专心看，你要叫我？我没看见刘阿姨，并不代表我不尊敬她，为什么说我没礼貌？妈妈好烦人。"

结果母女发生了争执，后演变成互不说话。表面上看，争执的焦点是"你太不像话了"对立于"妈妈好烦人"，其实妈妈的价值观是"对人要有礼貌""礼貌的表现是要叫人（打招呼）"。婷婷的理念是"说好的事要履行""因专心看电视没注意到不是不礼貌""不要勉强我"。

这是一个修剪的时机，梳理那些混乱且阻碍结果子的枝条，剪掉那些无法结果子的枝子，摒除错误的，并搭建新的价值观，是父母的责任。大一点的孩子要多沟通，当沟通从单纯感觉的层面，进入"感受+价值观"的层面，往往会带出更为真诚的心态，达到预想不到的结果。妈妈要谨记，价值观的传递，靠的是妈妈自己的生命，例如耐心、爱和平常的生活作为。

婷婷其实并非不懂妈妈的价值观，只是她也有她的道理。当妈妈和婷婷坐下来，双方坦诚地把自己的理念（价值观）和感受表述出来时，她们会发现自己对对方的价值观是认同的，所不认同的，是她们之间彼此的评价和感觉。经过沟通，婷婷可以认识到，自己"说好的事要履行"的理由，和妈妈的价值观并不冲突，自己的道理"没注意到不是不礼貌""不是故意的"等，并不代表自己可以不做应当做的事。

如果妈妈在心平气和之后，再和婷婷沟通，效果会更好。告诉她，这事和"说好的事要履行"不冲突，婷婷当然可以继续看电视，只是希望她表达尊重。进一步地，妈妈如可为自己过早的评价"太没礼貌了"道歉，可能更能打开孩子的心。婷婷甚至可以从"不想被勉强"的个人坚持里出来，因为"有礼貌"是底线，下次最好主动一点，妈妈也就不会勉强了。

无论是搭建还是修剪，父母要善于使用好的故事，不要干巴巴地讲道理，尤其不要从负面给孩子贴标签（评价）。

把握好时机，帮助小藤蔓搭牢在藤架上

如果父母认识到自己的一言一行、对待任一事物的态度，都在不知不觉中传递价值观。那为何不把握每一个时机，谨言慎行，随时随地都注重传递正确的价值观呢？

首先，把握"随时随地"。一位妈妈和我说，无论看到什么社会现象，如有人随地吐痰了，撞车的人吵架了，或家里亲戚朋友发生的事，她都借机会和女儿说一说，希望她可以见得更多，理解得也更深。如果父母渐渐在每次正面与孩子的互动中，都尽量把所关联的人、事、物，以及它们发生的关系、所带出的结果都拉回到价值体系上，那自然会给孩子的价值体系以正面影响。

其次，把握在回答孩子的问题中。**孩子发问，是他们的思想产生了冲突，头脑出现了混乱、迷茫、不解，其实这正是他们的小葡萄枝子在寻找藤架的时候。**

孩子看似离奇古怪的问题，的确常常把父母搞得无话可说、措手不及。一位台湾朋友说她小时候，因为问题多，大人会责她："小朋友只有耳朵，没有嘴巴。"其实，剥去孩子问题光怪陆离的外衣后，父母亦可将有关价值观的内涵传递给孩童。

有个孩子问妈妈："为什么橘子是一瓣一瓣的呢？"这个妈妈回答说："这就是大自然的杰作，大自然想通过橘子告诉我们，好东西要跟好朋友分享。"本来是一个"奇怪"的问题，妈妈却把一个自己想给孩子的价值观"分享"传递给孩子。孩子出于好奇问的这个问题，并不是想要知道有关植物组织的生物知识。当然，对于孩子在那个阶段可以理解的知识，可以解释给他，不知道答案的可以去查阅资料、请教别

人等，无论知不知道答案，父母都可以关联到价值观，哪怕是肯定孩子的"好学"或"认真"。

如果父母不重视孩子在提出需要或问题时，将价值观融入回答中，其实是丧失了指引孩子价值观建造的宝贵机会。换句话说，父母要留意把平常观察到的孩子生命价值观的问题，找出"症结"，借着孩子的提问，"回答"给孩子。同时注意把每一个问题的解答，都拉回到价值体系。树立孩童的价值观，基本上就是这样而已。

最后，把握在孩子"犯错"或遇见"试探"时。

比如农夫种地前，需要先犁地、松土、拔去杂草，因为松软的土地易于播种；当孩童犯错反省后，或遇见试探软弱时，都好像他们心田的土松软了，这正是拔出杂草（错误的价值观），而播下新种（正确的价值观）的好时机。

例如，亮亮拿（偷）了家里的钱，被母亲发现了。想到父亲的严厉，亮亮赶紧向妈妈认错了，但又哀求母亲不要告诉父亲，以免挨打。亮亮的妈妈该如何做呢？

如果你是这个母亲，会不会纠结于到底要不要告诉父亲、该不该答应孩子的请求呢？其实，**父母第一个应当纠结的问题，应该是怎样建造对的价值体系给孩子，父母双方所把握的原则应该是一致的，即是否为孩子搭设了正确的藤架，而非仅仅是事情该如何做，父母谁比较重要，应怎样回答，等等。**同时，父母更要清楚的是，对于犯错的孩子，如果他已经认知并承认错误时，正是指引建造正确价值观的最佳时机。

对于此例，应该让孩子明确偷拿钱是不对的，还有要明了他是真认错，还是仅希望选择承担较轻的后果（不被父亲打）而认错。所以，无论母亲告不告诉父亲，她的主要职责是帮助孩子今后不再犯这类错误。

在此建议的做法：必须传达给孩子，这样的行为不法、不应该，他要保证不再做了，包括拿别人的东西。这样的话，就可以不告诉父亲。同时明确告知他，如果再犯，他应该自己主动和父亲去讲，因为父亲虽然严厉，但很爱他。

我们的角色不是纠错，父母的使命是为生命成长提供支撑力量。家长的角色很重要，他们起到了搭建结实牢固又整齐的藤架的作用。盼望父母不要忽略了这个角色，以为自己的责任仅仅是判断对错，实施奖赏，或更简单的，只是将孩子养大。因为孩子内在精神层面的丰富、生命架构的成形才是更为重要的。

好的生命架构，带出好的生命作为

价值观的建立可以分为三个方面。第一是令孩子生发效法力的层面，如上文所说的父母言传身教、好的故事等，因着生命的影响力，这些价值观会使他们想效法。第二是需要孩童渐渐掌握的价值观。搭建给孩子的价值观，有时不会一下子就发生作用，因为我们的搭建是外在于孩子的。但是，这些价值观常常会在幼小的心灵里留下深刻的印象，而这些印象所产生的价值取向、心理暗示，会一直帮助孩童在未来的人生中持续地努力耕耘，渐渐搭好完整的生命架构。

当然，还有一个方面是我们在教育中要做的，那就是把最高层面的生活准则（人类和家长自己积累的）告诉孩子。虽然孩子暂时无力做到，但对的生活准则在一个特定的环境中，会如同种子遇见合适的环境一样开始萌发生长起来，从而影响孩子的生命。这些"刻"在孩子心里的信条，也会带动出心中的远景，产生改变的力量。

这种价值体系的形成，会把孩童带入全新理念的向往。这种向往，使孩童常有上扬的力量，明白自我的不足，喜欢更新自我的想法，而非机械教条地执行所谓好的价值体系。

这个体系所产生的动能会随着孩童的愿意配合，使之存在上扬的动力。而这个藤架，也会因着历史的变迁和时间的推进，有新的调整，产生新的果实。孩子所展现的，会是一个有变化的、丰富多彩的人生。

正确的价值观不应该仅仅关联到经济或利益的链接。物质至上或自我中心都无法孕育出真实的生命。好的价值观体系创造出良好的生命作为。父母应力求搭建一个踏实的生命架构，为孩童未来的人性化发展打下坚实的基础。

若一种好的价值观体系在孩童幼小时就被接受吸收，存于其心灵的层面，成为其行事动机、个人准则、与人互动的标准时，这样在他们长大后，品行一致，与人互动良好，有决策能力和进取心，这样的孩子，也会易于得到资源，取得成就。

具有这般优秀人格内涵和外在生活技能的人，常是社会和历史发展所欢迎的人。他们的人性化发展会解决现代青年的很多问题，像在职业中缺乏执行力，不能良好与家人同事共处，自我封闭、意志薄弱、思想混乱、不能吃苦，甚至道德败坏，等等。这样也会避免不良发展的孩子将来所带给他人包括配偶、同事、姻亲、上司及社会的困惑，其实所有这些冲突、困扰、无奈，都是不必要的。

因而，从孩童时期的教育开始，祝愿所有的家长都重视价值观的建造。并且把价值观与生活的实际连在一起，使孩童产生正确的生活目标和生活技能。当我们经由关爱、说服、规劝、引导，使之体会、经验价值观，这样的孩子，会形成自主的价值体系，并逐渐长成健全的人格。这样的成长经历，会使孩子有幸福感，成为一个幸福的人。

Part 2

生命藤架上的果实

引言　从果实认出杰出孩子

父母的心永远"纠结"着。想要孩子豁达地把玩具给小朋友，又怕孩子将来吃亏；希望孩子成功，又担心孩子太累；把成绩提高了，又发现身体不行；孩子终于参加足球队了，又忧虑坏朋友出现了……难怪有人说，养育儿女实在是件有"罪咎感"的活儿。管少了，感到愧疚；管多了引起反弹，又觉得无趣；即便是有"牛马"精神的妈妈们，孩子都老大了，看到"成品"还常怪自己：小时没盖好被，看病不及时，自己当时不懂……好像所有问题都是自己"一手"造成似的。

为人父母是一项艰难又冒险的事儿，但它也可以成为我们所做的最有荣誉感和成就感的一项工作。说它是"工作"，因为它实在不是休闲体验。喻树为人的话，葡萄树上丰润饱满的一串串果实，足可以显明我们工作的成效。把价值体系一点一滴地辛苦搭建起来，给孩子以坚实的支撑，虽然经过漫长等待，但等到结出甜美的果实，一切辛苦都将变成满足。

这些果实并非是挂着好看的装饰，它们代表了一个个生活基本技能。虽然每个父母的侧重点不一样，也就是说我们的孩子或许不那么完美，但他们应该是杰出的，有价值、有能力、有作为的。

让我们来展望那未来的果实，用可见可得的盼望化解眼前养育的艰辛，让我们缕析那结出果实的枝脉，把握教育脉络，并可从果实认出我们心中的杰出孩子。

脉络之一：心思意念

有个人路过食品加工厂，因好奇而走了进去，当他走了一圈坐下休息时，工人下班把车间门锁上走了，更令他心脏收缩的是，他发现自己被关在一个冷冻库里……第二天，当工人打开车间门时，发现了这人的遗体，一个小纸条留在他手边，上面写着他的遗言：……太冷了，不行了。工人们面面相觑：冷冻库并没有开啊！

心思意念的影响力绝对超乎我们的想象，担心害怕的思想足以杀死人。而一个人心里所想的，言行中就会带出来。不论是积极正面的，还是猜疑别人等消极负面的，想得多了——根据前面我们所探讨的生命公式——就渐成思维模式，像小葡萄树慢慢成形。因此，当孩子还是棵小苗的时候，就需要家长留意把正扶直。思想的美好果实是"思考能力""勇于创新""接纳意见"。

思考能力

正面思考

正面的思想，能带来盼望、爱和信心的思想是健康的，而那些让自己觉得不好、想放弃、损害他人的思想往往是不健康的。下页图中的孩子是很难站起来的，因为负面的思想已使他感到太沉重了。

思想是人与外界接触的第一道防线，也是价值观输入的第一关。思想有吸收和过滤的功能，要留意孩子在心思意念层面有分辨的能力。第一个分辨，就是要分辨哪些是正面的，哪些是负面的。如同人会生病一样，思想也有健康和不健康之说。正面的

是健康的，不健康的思想当然也包括了猜疑的、偷窃的、怨恨的、淫乱的等。分辨能力的第二个内涵就是帮助孩子辨明美善，明了危险，接受新鲜事物，吸收有益于生命成长的。

小志放学回家，倒头就睡，也不吃饭，妈妈问他怎么了，他边哭边气哼哼地说："再也不去上学了。"原来今天小志上语文课读课文，因为一时不留神，把啃了几口"干粮"读成"干娘"，引起全班哄堂大笑。小志觉得很丢人……

帮助孩子正面思考，父母要把握"A—B—C"模式。其中，A代表事件，C代表小志心里委屈，有放弃的思想，不去上学了。B就是孩子心里判断此事的标准，即他的价值观。此处，小志在猜疑，"大家笑我，代表他们不喜欢我"。

妈妈来处理，首先是要先接纳小志的感受：

• 今天被同学笑，心里很不好受吧。

接着开出"药方"，也就是用一个新的B'来取代B：

• 同学笑你，不一定是不喜欢你。他们可能就是觉得好笑嘛，妈妈也想笑。是对那句话的反应，不是针对你！

若小志听进去了，就借机教导他更多的理念（价值观），存储下来以备后用：

- 我们无法管理别人的话语或行为，但可以约束自己的心思；

- 你的价值不是别人给你定的，关键是你自己怎么看自己；

- 不要轻易放弃，只要好好继续学习，赢得大家认可是必然的；

- 下次要认真，认真是品格。我看你打球很认真呀，读课文也可以认真的。

小志愿意吃下（接受）妈妈开的"药方"，思想就会开始改变，他的C可能就成为C′——"对啊，那天我跑接力时，笑我最厉害的几个同学，有为我在拼命加油呀""他们其实是喜欢我的"，从而再次鼓起勇气重新回到课堂。

主动思考

人拥有思想的第一功用，是用来思考的。不要培养一代懒惰的伟人，要养出一个勤于思考的小生命。不怕孩子问题多，只怕他懒散、犯昏头。

王顺平快三十岁了，有个问题常常困扰他：部门经理开会问意见时，其他同事建议很多，自己却总没什么可说的。不过，自己虽没好建议，可很听经理的话，倒也深得经理认可，只是一到升迁，候选名单里总没有自己的名字。王顺平很郁闷，决定要"思考"原因了……

读完一本关于亲子教育的书后，王顺平有所顿悟，或许和他的成长经历有关。小时候，每当自己激动地说出自己的"好点子"时，父亲不是心不在焉，就是不以为然。有时候大家还一起笑他，妈妈会说："你怎么会像女孩子一样想这些？"慢慢地，他"摸索"到，只要不发表而乖乖听话，就可"拿到一切"了。

少年时候形成的价值观，会反映在成人生活的方方面面。经过回顾，王顺平决定不让孩子走自己的老路，那需要思考的是，该怎样做呢？

首先，不要嘲笑那些"呀呀"嫩语。三岁以后的孩子，有了一些词汇量，但一定是"语无伦次"的，再大一点，更是"浮想联翩"。当孩子来表达时，要看出其中的机会，我们要多问："为什么呢？你是怎么想的呀？"

千万不能怕烦，或凸显自己懂得多，"小孩子有耳朵，没嘴巴！"更不能随便对他的问题、表现、声音、样子等左右评判，那样容易禁锢孩子的思想。我们觉得孩子稚幼可笑，开心一下的确无妨；但过多地笑他，会使孩子的心"缩"起来，这样的孩子易患得患失，与他人相处时也常会迷失自我，一切听从朋友的。

美惠小时好爱唱歌，但哥哥说她声音粗，爸妈笑她跑调。只要她一开口，全家就笑作一团。长大后，更被同学称作"跑调大王"。要命的是，美惠自己"爱歌如命"，一开口却又常常"带跑"别人，为此心中实在苦恼，就不怎么唱了。多年后，在一些爱她并肯定她的朋友的鼓励下，美惠又开始唱歌。几个月后，她发现自己可以唱一首完整的歌却不跑调，去卡拉OK还有人为她鼓掌。美惠总结，自己把别人对自己评价的话，完全吸收进来，以致思想有了一个定式："我的声音太低又粗，像男生，还跑调，唱不好。"现在，她发现自己偏低的音色，其实有磁性，蛮美的。

大人无意间的评价会"固定"孩子的心思，影响孩子的自我形象，孩子甚至会以评价为"标准"，不自觉地发展成那个样子，来"取悦"我们。例如，我们说她像男孩子，她就更显得"大大咧咧"；说他滑稽，他就更会"扮小丑"给同学看。话语是可以带出"定式"的，你越称赞孩子有想法，他们就会更趋于动脑筋。

活跃家庭气氛，要把握分寸。借着孩子的发蒙，可以把他往独立思考上带。例如，当其发表或"表现"完后，我们可以表达我们的快乐，赞其可爱，接着就要问："你想表达什么呢？你到底看了什么？想说什么呀？"要尊重小生命，肯定孩子的奇思异想。把握机会，积极询问孩子对人、事、物的想法，培育他的认知观。

其次，多多寻找"替代方案"。例如，让孩子独立完成能胜任的家务，带领孩子思考：做这件事，有几个方法？这样，孩子必须进入思考，父母也要陪伴，留意孩子陷入困难而产生放弃的心理。寻找替代方案，可帮助孩子有多角度思考问题的能力，不易钻牛角尖，心灵更为强健。

有时，孩子会和书本上的知识或一个人"拗上了"，要疏导孩子："较劲"和"思考"不一样，并提出愿意和他一起讨论。这样的孩子成人后，遇见阻挡会想办法，而非"卡壳"，也会主动找人分析解决。不要急于"告诉"他们该怎样做，生怕他们做错或吃亏。应请他们自己先想想该怎样做，然后再和大人一起讨论。

最后，带孩子多看大自然，培养一双善于观察的眼睛，培养孩子遇见新情况时有思考，可以和他一同讨论、一同关注某些事的发展；尊重事实，注重细节，期盼对眼下需要解决的问题有切实可行的解决方案。这个过程会培养出孩子的思考力，使他有思考的能动性。散漫的心思会妨碍孩子的判断力、选择力和适应力。家长要留意引导孩子漫天乱跑的幻想，也要控制其发呆、易放空的习惯。能动的思想除了带出独立思考能力外，对新情况和新环境也会有很好的适应力。

勇于创新

人类社会的进步及科技的发展，多源自于人的思想创新。人的大脑像宝藏一样有待挖掘。随便要求一个人的思想有创新能力，是不切实际的。除非此人在孩童时期常在父母的督促下敢于冒险，乐于尝试，有敢闯和突破的精神。**孩子多数的"我不要"，其实很多时候翻译出来是"我不敢"。**

婷婷天生不喜说话，不愿意尝试吃妈妈做的新东西，嫌香菇黏黏的，苦瓜苦苦的；同时，她喜欢和小朋友玩，又不敢加入他们……

婷婷的妈妈该怎么办？

孩子偏食、挑食是通病。只要挑食没有太影响到孩子的营养吸收，可以不必事事勉强。如果偏食太多，可以让她列一个"不吃清单"。莎莎就是从这样开始的，她先从二十几样不吃的里面，挑了苦瓜。妈妈就精心为她炒了一盘苦瓜，莎莎觉得其实还不错。恩恩从清单中挑了胡萝卜，妈妈先从凉拌开始，后来又炖了牛肉。娜娜的妈妈

是包在包子里面，无论如何，偏食太多的问题可以得到纠正。

孩子有时就是感觉加固执，父母要敢于有一点勉强他，但又不要使用胁迫。等尝试一下，那个"防卫"慢慢就破了。"你不吃饭，就长不高！"这样的"白"谎言，其实帮助并不大。孩子愿意尝试，都源于对父母的信任。父母要带着期盼的眼光看着他，鼓励他："妈妈相信你，你可以。"

迈克尔·乔丹，美国职业男篮著名的运动员，被称为"空中飞人"。他是美国职篮历史上第一位拥有"世纪运动员"称号的巨星，他为NBA联盟带来至少100亿美元的收入，把耐克从一家小公司变成闻名世界的商业巨头。他也是社会公益慈善家，2002年将那年的所有工资捐给美国9·11受难者。有关他的成就，还可以列出很多。他有句名言打动了无数人："我可以接受失败，但无法接受放弃。"我们或许可以从他的成长故事中得到启悟。

乔丹出生于纽约布鲁克林贫民区。那里意味着贫穷与歧视，看不到未来与希望。

十三岁那年的一天，父亲突然递给他一件旧衣服："你能把它卖到两美元吗？""傻子才会买！"他赌气地说。父亲的目光真诚又透着渴求："你为什么不试试呢？"虽然不觉得能卖掉，他还是很小心地把衣服洗干净，第二天来到人流密集的地铁站。经过六个多小时的叫卖，他如愿以偿。他紧紧攥着两美元，奔回了家。

过了十多天，父亲突然又递给他一件旧衣服："你想想，这件衣服怎样才能卖到20美元？""怎么可能？它最多值两美元！""你为什么不试一试呢？"父亲再次鼓励他。最后，他请学画画的表哥在衣服上画了一只可爱的唐老鸭与一只顽皮的米老鼠。他选择在一个贵族子弟学校的门口叫卖。一个开车的管家为他的小少爷买下了这件衣服，还给了他5元小费。

回到家后，父亲又递给他一件旧衣服："你能把它卖200美元吗？"这一回，他没有犹疑，开始思索。两个月后，当红影星、电影《霹雳娇娃》的女主角法拉佛西来到了纽约。记者招待会结束后，他猛地推开身边的保安，扑到了法拉佛西身边，举着旧衣服请她签名。"法拉佛西小姐亲笔签名的运动衫，售价200美元!"经过现场竞价，一名石油商人以1200美元的高价买下了这件运动衫。

回到家里，一家人陷入狂欢。父亲感动得泪水横流："孩子，从卖这三件衣服中，你明白什么了吗?""我明白了，您是在启发我，"他感动地说，"只要开动脑筋，办法总是会有的。"

父亲点了点头，又摇了摇头："你说得不错，但这不是我的初衷。我只是想告诉你，一件只值一美元的旧衣服都有办法高贵起来，何况我们这些活生生的人呢?我们有什么理由对生活丧失信心呢？我们只不过黑一点儿、穷一点儿，可这又有什么关系?"

正是借着父亲的鼓励，小乔丹的心勇敢起来了，他开始看到自己的价值，也逐渐成就了自己的人生名言——"我可以接受失败，但无法接受放弃"。

父母要永远提醒孩子不能丢掉"勇敢的心"，鼓励孩子敢闯与突破，例如"凡事皆有可能""害怕是没有用的""我可以接受失败，但不能接受放弃"等，都是由其所衍生出来的价值观。

接纳意见

教育孩童拥护他人、接纳他人，不以自我为中心，有助于他们成人后可吸收进来别人的经验，也就更容易解决新的问题。

孩子将来在生活中会扮演多个角色，除了是我们的子女外，他们也会是别人的良师益友，或许还是管理者、决策者、法律的制订者等，所有这些角色，都不是独自决策、独自完成的。他们需要学会与别人共处，接纳不同的意见，学会在团队中发挥作用。约

翰·麦克斯威尔在他的《领导团队17法则》一书中有句名言——"个人不足以成就大事"。

从小教导孩子使他善于接纳他人的意见，是非常必要的。当然，孩子小的时候，无法全面剖析一个问题，但是至少可以从拥护他人、"为他人欢呼!"这一角度开始。例如，常带孩子参观体育竞赛，成为一方的拥护者，使其有拥护的理念，同时学习欣赏对手的精彩表现。

父母与孩子在讨论问题时，要形成健康的互动模式，例如"我觉得A好棒啊，但是关于B，我就无法理解了"，或者"我赞成你的C，但是对于D我不敢同意，因为我觉得……"等。长期下来，孩子容易对问题、对人有思考能力，看到事物的多面，而非局限于单线条的思维模式。

使孩子明白自己有强项，但别人也有长处。帮助孩子认同别人某方面做得比自己好，这样的孩子，不易在考试中、生活中、比赛中产生放弃或轻生的念头。拥护他人，是真实地帮助孩子适应社会，甚至已经为其建造了适度的领导力，为孩子将来可以胜任领导岗位打下基础。

用什么撑起孩子的未来

黄乃毓教授是独生女，从小被训练帮妈妈做家事。其中有一个任务，是检查买回来的蛤蜊有没有坏的，检查方法是拿一个蛤蜊敲打另一个，声音空泛的就是有问题的。她成为很称职的"蛤蜊鉴定专家"，家里总是能吃到新鲜美味的蛤蜊。但有一次她发现一个是坏的，下一个也是，最后每一个都是。她去报告给妈妈，后来妈妈发现，原来她用来鉴定的那个是坏的！

多年后她开始工作时，发现身边的人都不好，很痛苦。直到有一天，她想起蛤蜊的事，开始转念：会不会有问题的是自己呢？并由此得以改正自己，带来成长与进步。

那个坏蛤蜊就好像不被管束的"自我中心"，**凡事都是从自己的角度出发，想到的都是方便自己的，别人都是"坏的"。**由于标准不对，就无法发现真正的问题所在。如果训练孩子可以多从别人的角度看问题，有同理心，可以感同身受。多用"如果我是那个人，能够怎样想，该怎么办？"来思考，孩子会快乐很多，他的世界也会因此更美好。

脉络之二：言谈话语

日本科学家江本胜博士从1994年起开始做水结晶的实验。他将各种水冷冻成冰，然后用高倍显微镜观察。经过多年的研究，他发现水不但能够听各种音乐、各种语言，还能读各国文字。最美好的结晶是"爱"和"感谢"，最难看的是"混蛋""烦死了""杀死你"。他的报告指出：年轻人经常挂在嘴边的话"真恶心""真讨厌"，实验结果是会导致水结晶为丑陋歪扭、破碎散乱的样子，恰似其含义一般。

我们的话语可以影响看似没有生命的水，何况是有生命的活人呢？生活实际和人际互动中，美好的话语应包含"造就他人""表达自我"和"真诚沟通"的能力。

造就他人

言谈话语最容易把我们的价值观带出来。两个争论的人，以为他们在用言语针锋相对，实则是双方的价值观在吵架。爱的语言里，含着安慰、鼓励、造就、肯定、关心、赞美、祝福等因子。

1. 话语的目的

强强和楠楠是邻居，又同龄，所以他们成为朋友，上学下学常常一起相互跟着。强强动不动就生别人的气，这不，和楠楠一起下学回家，又骂起楠楠来了。究其根源，是嫌楠楠"太窝囊"，而且还把他抄作业的事告诉老师了。

家长要留意，一方面要保护我们的孩子不被别人欺负，另一方面，也不能让我们的孩子欺负别人。要让孩子知道，说不对的话语也是一种欺负。

孩子要明白**话语的目的，是用来安慰、鼓励，传递爱的。**我们说出来的话要带给别人安慰，别人才愿意成为我们的好朋友，不能用话语苛责、谩骂、取笑别人。

曾有位老师在分享时告诉大家，他读研究生的时候课业很重，要读几千页资料，还要背书和写报告，他感到压力很大。虽然他没有对别人说什么，一位学长却注意到他的苦恼。学长抱住他的肩膀说："朋友，我想跟你分享我的经验：不管石头有多大，只要你不停敲打，它迟早会碎开。"这位老师说："突然间我心里那块大石头变得可以掌握了，我开始一点一点地不停敲打。果真没错，一切都按照进度，三年后，石头碎开了，我也毕业了。"那位学长的话语所带给他的，就是鼓励。

2. 赞美的艺术

"读"了爱和感谢的水会形成漂亮的结晶，多向他人表达爱和感谢，赞美他人，不仅使他人得到安慰、受到鼓励，也会使自己焕然一新。真正的赞美，并不是一味地讲好话。话语是讲究的，赞美也是有艺术的。

在饭桌上，妈妈把鱼端给芳芳，说："我女儿这么努力，拿第一名不容易，奖励吃

黄花鱼！"

赞美孩子的努力、付出，使孩子感到家长的价值观是看重过程过于结果的，这样的教育使孩子脱离"成绩"导向，脱离做好做坏的结果——结果好就骄傲浮躁，结果差就沮丧放弃。要常常称赞孩童的品格，看重孩子的动机和努力，这样的称赞使孩子看重品格的培养和动机的选择，逐渐长成稳定的内在生命架构。

3. 话语的秘密

其实，孩子的模仿力很强，父母的榜样尤为重要。

四年级的丁老师对班上王学军非常头痛，这孩子经常说"你真傻""笨蛋"，看到有人从背后跑过，脱口而出"三字经"。直到丁老师做了家访，才恍然大悟，原来王爸爸也是这么说话的。

想激发孩子多说正面和安慰的话，作为父母和老师也应当学会对孩子说接纳、甜蜜的话，来慰藉孩子的心灵。根据语言的形成机制，滋润人心的语言，也会传承在孩童的内心，孩子也学会安慰人。常常被赞美的孩子，也不会吝啬赞美之语。

每个孩子都渴望得到别人温暖话语的滋润。有调查表明，在亲子关系中，家长有两句话对孩子的伤害最大、后遗症最多：第一句是"我这样做是为了你好，是爱你"，第二句话是"我这样做是对的"。

看起来没有负面字样的话语，为何至终带来的是伤害？中文"爱"字的繁体字，拆分开来变成两个字就是"爱"和"心"，或是形象译为"受"和"心"，这两个字代表"用心感受""感同心受"，也就是说要"让被爱的人感觉得到这是爱"，若冠冕着"爱"的名义，让孩子体会到的实则是控制，那孩子是无法心悦顺服的，特别是青春期的孩子。

另外，**父母强调自己对的同时，也就是说孩子是错的**。这样的对立，也使孩子无法信服。给孩子讲道理，大一点的孩子会产生无力感，年龄较小的孩子则听不明白。先用话语肯定或接纳孩子，孩子才会接受你，父母才有更多机会影响孩子，这样才有真正的教育。

4. 可受安慰的心

培育孩子可以用话语传递爱，要先从训练孩子可以接受爱开始。以安慰为例，幸

福快乐的孩子有一个特质，就是心可以受安慰。

楠楠被强强骂了后，妈妈怎么哄也哄不好。当然，如果能够协同强强的父母一同教育强强，让强强给楠楠道歉认错，事情会好办得多。

而我们也应当教育孩子，如果别人已经赔礼道歉，我们的心就应该学习接受。即使别人没有和我们道歉，我们的心也应该可以放下别人的错误，让事情过去。

表达自我

心灵健康表现在可用话语清楚准确地表达自己。有表达力的孩子可以自然表达自己的情感，申明自己的意愿和诉求，说出自己的想法。

1. 自然地表达情绪和感觉

表达自己的情感，前提是可以捕捉到自己的喜怒哀乐。

李彤十五岁了，每次不高兴时，不是撕东西，就是踢坏东西。妈妈每次看他损坏东西，就问他："又在和谁生气了？"他都回答："我没有生气！我只是看这个东西不顺眼！"

其实，李彤错了，妈妈应该在他可以接受的平静时刻告诉他：

• 生气是一种正常的反应，也是正常情绪的一种。

• 不要以为说自己生气，就显得自己没有水平。相反，说出"我今天很气，气的理由是……"对自己是一种抒发，也可帮助自己重新认识。

• 所有的感觉都是可以接受的，懂得表达感觉是件好事。

• 表达自己的感觉，如"我很气""讨厌你"等，不是指责别人，如"你是大笨蛋"等，也不是做出破坏或伤害来发泄，如打人、丢东西、伤害自己等。

李彤的妈妈应要留意，孩子因着不会抒发，从内心的问题已经开始转到对外界的破坏，有些暴力的倾向了。在这样的时刻应对的秘诀在于，妈妈要告诉他："我不许你用这种方式表达，我想听你说出来。"母亲的坚持，会使孩子改变行为模式。

我见过很多孩子都无法分辨自己是否在生气，而成年人则大多羞于承认自己生气了。对孩子，一方面要告诉他，承认自己生气了是健康表达的第一步，另一方面，要和他讨论一下情感、情绪，不要为自己的不良情绪给吓到了。

我们的孩子有快乐的事，要讲出来，和大家分享；有伤心沮丧的事，也可以说与他人，能够获得安慰和支持，使心里重新有力量。即使是有不满与恼怒，说出来也可使别人了解原因，消除不必要的误会，免得以为得罪了你。

2. 勇敢地申诉自己的意愿

爸爸带着明明和他的两个朋友毛毛、天宇一起去看电影，到了电影院，有十几部可以选。爸爸问："你们想看什么?"明明马上说出两个，毛毛说"不看恐怖片"，天宇在一旁不吭气。明明爸爸问天宇："天宇，你呢?"大家等了半天，天宇终于开口了："我不知道，看什么都行。"依照明明和毛毛的诉求，大家看了一部动画片。从电影院出来，爸爸带他们吃麦当劳。同样的情形再次发生，别人很快点了食物，可是天宇磨磨蹭蹭，选不出来，最后毛毛帮了他。

天宇的情况或许反映了性格的问题。生性腼腆内向的孩子，父母还是可以鼓励他勇敢表达自己的愿望，使他有更多练习选择的机会。家长应该教育子女说出自己的诉求是应当的，特别每次孩子主动表达了意愿，要让他明白："幸亏"你表达了，要不然我还不会想到；或者你很可能就失去了这次机会，等等。

当然，另一面也要坦白告诉孩子，我们要表达，不过别人也可以拒绝。但是对方的拒绝并非拒绝我们这个人，只是拒绝了我们的意见。被拒绝也没有关系，因为每个人考虑问题的角度是不一样的。

月月的妈妈很困惑，全家人饭后一起闲聊，月月总是坐在那听，一声不响。可是，月月和同学在一起，却可以关在房间里谈几个小时不出来，每月的电话费都好几百，为什么她们那么有话说？

父母常以外向或内向定性自己的孩子，认为孩子内向一点，当然就羞于表达。其实，无论外向或内向，每个人都有自己的想法，也有想表达的意愿。外向的孩子表达得快一点，内向的孩子可能慢一点。月月后来告诉妈妈，每次全家人说话，等她想好怎样表达，大家已经开始讲下一个话题了，所以她不是不想说，是赶不上。

孩子有权利表达其思维和想法。孩子开始表达，有时语无伦次，不要轻易打断他们，也不要急于帮他们说出。鼓励他们深呼吸，慢慢说，喝口水再说。微笑着看着他们，告诉他们"你的想法或许很重要"也可有帮助。

当然，表达有表达的学问，要留意孩子：不是学习表达，就什么都可以讲，需注意场合与方式。教导孩子在发表意见时，要检查一下心里面是否有爱，话语是否正面。当孩子可以表达情绪、感受、意愿后，要教导孩子在智慧和准确中表达，例如说出意愿的同时，附带一个别人可以接受的小理由；表达感受时，准确地描述出事情的缘由，做到"事实"＋"情绪感受"。

真诚沟通

沟通能力包含三部分要素：一是品格要素，如尊重、真诚、同理等；二是技巧要素，像表达、倾听、智慧、双赢等；三是言语，包括肢体语言、声调、语速等。沟通的秘诀是"心"与"心"交流，而真诚是打开对方"心"的钥匙，真实的话语又表达了真诚的态度。在此，我们重点讨论真实的话语。

语言很大程度上借助于后天的训练，同时得力于父母的督导。孩子若有一颗真实

的心，他们的话语就会脱离大话、谎话、脏话，以及对自己没信心的话。

蒙蒙这几个月来，总想讥笑别人，说爸爸的眼睛好呆，妈妈围上围裙切菜像屠夫，奶奶好土啊。这孩子跟谁学的，怎么变成这样了？

经过家庭会议讨论，原来是电视看多了，把电视连续剧里面的话，都给自己家人用上了。蒙蒙没法分辨真实生活与剧情的区别，家长不要过快动怒，训斥他，把他的话硬压下去。因为那样，根本问题没解决，他可能又会找其他小朋友去"练口"。

• 尊重事实：电视剧是有剧情的，说别人"老土"是有上下文的，不能看到貌似，就随便乱套，要活在现实中。

• 认识词语的褒贬：即使电视剧（或别人家）有原因，也可能并不应该那样说话。有些词是不礼貌的，而我们的语言要造就人、安慰人。

• 真正的幽默是幽自己之默，对别人的，都叫取笑或"冷嘲热讽"。

• 查出原因，即时调整：根据他的态度，适度减少电视的时间。看健康的、与年龄相仿的节目。如果是和外面孩子学的，就要智慧地引导他选择朋友。

父母应致力于把孩子的话语训练得准确、幽默、简洁。了解那时他内心的状态、他内心的渴望，会帮助父母杜绝孩子乱模仿。

如果孩子没有在很小的时候就被建造"有一说一，有二说二"，就会在某个特定的场合说谎话，做虚浮的事。约束孩子常常准确地表达自我、表达数据、表达过程，会使孩子说谎的情况降低。调整孩子在情绪上的随性、自我膨胀，会使孩童在大话、虚妄的话上有所束缚。真实地表达感觉，会帮助孩子稳定在真实的境界中。

很多孩子喜欢画画，图画常常宣泄了作画者的想法态度、情绪情感，这些都与价值观相关联。画完之后，请孩子说出画中所表达的，也是一种话语的训练。

家长还可以多跟孩子做游戏，常常可以使孩童更为准确地表述游戏的内容，抓住一切机会，使其准确表述，不夸张、不浮躁。

幽默的话语，也是借着父母在生活中传递给孩子的。建造孩童幽默的话语体系，可能会涉及渲染气氛的夸张、夸大，但是其用意是明显的，但是在与工作、他人名誉方面相关联之处，却要强调自律、严谨和准确。

在一点一滴中父母不应轻忽细节的塑造力，无论是孩子的起居、学校生活、与家长互动、游玩、零花钱、压岁钱、买玩具，都会体现出你的价值选择而对孩子的价值

观造成影响。

妈妈和芳芳坐在桌前看功课，妈妈很惊讶地说："哎呀！上面你爸爸的签字好像跟你的字一样啊？"芳芳理直气壮地回答："对呀！老师叫爸爸签，我叫爸爸签，爸爸说忙，让我自己签。"

有的时候孩子喜欢作弊、说谎，可能是受了大人的影响。就算某些情况不是大人直接参与，而是孩子因为怕挨打或好面子而想出来的方法，也应明确禁止。

同时可以和孩子讨论：老师为什么要让家长签呢？是因为爸爸要做监督。老师让家长签有其用意所在，无论如何我们都要完成，不能作假。这样的一个价值观就借着一个生活中的发现，建立在孩童的内心，使孩童有了标准。

我们常会说小孩子口无遮拦，嘴上"没把门的"，俗话又说"嘴上没毛，办事不牢"。意思是好像只有长大了，才能管住自己的嘴。其实从小时起便要留意，帮助孩子说正面的、安慰他人的、给人带来生命力的话语。在日常生活中，懂得称赞的艺术，使孩子不说大话、空话，做诚实人，说真实话。

生命藤架的一个脉络，就是话语的建设性，让孩子可以自如地表达情感、意愿与想法，并常约束自己，说准确、真实且幽默的话。这样的孩子，必定是一个可以用话语传递爱的，有能力表达和沟通的孩子。这些藤架上的果子，使孩子将来的人际关系互动、岗位升迁和异性交往等，都可以顺利且有保障。

脉络之三：人生态度

对自己、对别人（家人及朋友）、对学业以及许多道德问题的态度都是人生观的一部分。人生态度的硕美果实如"自信""豁达""积极"等，其基础是良好的自我形象。一个孩子如果在对自己、对他人和面对失败的态度上是健康的，这个孩子就会多结善果。

自信

1. "我可以"——自我鼓励

自信，是用话语和行为表现对自我幸福的态度。表现在同意自己是有价值、有潜力的，即便现在做不到的，也可以凭着勤劳和机会能够去实现。

我们对自己的认识多是来自于别人对我们的看法。当别人正面肯定我们时，我们会有信心并进步；但吸收太多负面的话语，我们会感到沉重并想放弃。

有一次听一场演讲会，演讲者约尔不时加入这样一句话："约尔，你讲得不错！"这句看似和题目不相关的话，不仅活跃了气氛（听众会报以笑声和掌声），同时也给了我很大的提醒：我们要学会"自我鼓励"。这真是一个伟大的态度！

孩子要学会自我鼓励。例如回答老师问题，虽然心里怕怕的，但可以和自己说"我不怕"；做任何事都可以鼓励自己，"我可以""我能做好"。**那些一早起来，就对自己说"美好的一天，我会很快乐"的孩子，比那些一睁眼就想"又要去上学，讨厌！"的孩子，过得要快乐得多。**

2. 自我价值的苗床——"你可以"

家长有时会来寻求教育孩子的秘诀，我都会提醒他们接纳、肯定孩子的重要性。

"唐人坊"董事长唐女士可算成功人士，她告诉我："其实小学的时候，我的成绩并不好。我很感谢我小学四年级的一位老师。她有一天跟我说'你很聪明，你可以学得很好'，奇怪了，从那个时候开始，我的成绩就好起来了。"

我们或许早已忘记了老师所教的内容，但我们仍然可以记得被接纳的感受。小学一年级时，我们班上评优秀学生，我的表现一直很好，但我生病了。我躺在床上想："这次评优秀一定没我的份。"出乎意料的是，两天后奖状竟然送到我的病床前，同学告诉我："因为校长说，虽然你生病不在，但还是应该考虑你，结果全班同学都选你优秀。"你知道吗？第二天早晨我就迫不及待地要去上学了。

在打工子弟学校，一个五年级的孩子引起了众人的注意，他老是打架、说谎、在课堂上制造问题。老师关心、帮助他，他都没有反应。经了解，原来他父母离异，他跟着爸爸。他非常渴望爸爸的肯定和爱，但得到的总是不满和打骂。他也想看到妈妈，以至于活在幻想中，老是跟别人说他妈妈有多爱他。事实上，他妈妈从不愿意花一点时间给他。这个孩子渴求父母关心的强烈需要，导致他形成了许多幻想，渐渐"封闭自己"，对别人的关心也不易感受；又因着内心的失望，对别人多怀着不友善、不信任的态度。

真正懂得表达爱的父母，会时时不忘投给孩子以肯定的目光。一个小孩子正是在这种肯定的目光中，才渐渐地发展出自信心，然后才能发展出自尊、自爱。心理学研究发现，**一个孩子的健康成长至少需要5000次以上的肯定**，小孩每天要看到、感觉到我们的接纳和肯定，至少三四次。想想，如果有人要跟你说"你很重要，很爱你"，你会嫌多吗？

3. 看自己合乎中道

人生态度的把握，取决于对自我有正确的认知。没有高看，也没有看得太低，而是看得合宜，合乎中道。

美国喜剧名演员歌蒂韩（Goldie Hawn）被访问"如何在成功的演艺生涯保持谦卑的态度"时，她回答说："当我自己感到自大的时候，回想起童年父亲经常带我到海边，面对浩大无边及波涛汹涌的海洋，我感到惧怕与惊讶，觉得自己非常渺小，不禁产生敬畏。"

当然，也有无数的人，他们自愧自叹，因着过去的失败而贬低自己，而不知有太多的机会已经从身边溜走。

4. 快乐做自己

自信的人生态度，基础是孩子有良好的自我形象。例如接纳自己的长相、认同内在美，接纳自己的父母，对家庭有归属感等。

索菲娅·罗兰是意大利著名影星，拍过60多部影片，曾获得1961年奥斯卡最佳女演员奖。她16岁时去到罗马，要圆演员梦。但摄影师们都抱怨无法把她拍得美艳动人，因为她的鼻子太长、臀部太"发达"。导演卡洛·庞蒂建议她整容。一般演员都对导演言听计从，可是小小年纪的罗兰却拒绝了。她说："我为什么非要长得和别人一样呢?如果鼻子上有一个肿块，我会毫不犹豫把它除掉。我就喜欢我的鼻子和脸。至于我的臀部，那是我的一部分。我愿意保持我的本来面目。"

索菲亚决心不靠外貌而是靠自己内在的气质和精湛的演技来取胜，她坚持"我本来的面目就是最好的"。她事业也成功了，那些有关她"鼻子长，嘴巴大，臀部宽"的议论都"自息"了，她还被评为20世纪"最美丽的女性"之一。

索菲亚的美丽来自于对自己价值的认识和后天的勤奋。很多孩子很可爱，长得英俊漂亮，自己却不喜欢自己。因他们与错误的对象相比较，这些也都影响着他们的态度和成功。父母要留意不要对孩子的长相品头论足，更不要拿他和别的孩子比较，而要留意强化孩子的"内在美"——即品格的魅力。

青春期的孩子往往会对父母有羞耻感，一方面源自身体发育而产生的疏离感，怕在同学面前丢面子等。另外，父母自身的问题也构成了重要的原因，例如，没有品格，发完脾气后不懂得真诚和孩子沟通认错；待人接物，多以好坏来谈论，并不看重动机；随意在孩子面前谈论他们还无法理解的社会问题，如地位的升迁等。

我认识一个爸爸，他的配偶和自己的手下有了外遇，他感到非常羞愧和气愤。虽然有三个孩子，但二人因此离婚。难能可贵的是，后来的几十年里，这个爸爸没有向三个孩子透露妈妈的外遇，只说他们过不到一起了。三个儿子也接纳了这一决定，至今爱爸爸，也爱生养他们的妈妈，也都各自组成了幸福的家庭。其实孩子所处家庭幸福与否，决定了他将来组成的家庭是否幸福与稳定。

让孩子接纳和爱自己的配偶是父母应尽的责任，是大智慧。这个爸爸没有毁掉孩子对母亲的尊重，保护了三个孩子的心和家庭满足感。很多事情，孩子大了自然就明白了。而心灵过早的伤痕，蕴藏着引发一生危机的可能性。

父母双方要在孩童面前，多称赞配偶，"爸爸为这个家赚钱好辛苦""妈妈好棒，又开创出一道新菜"，特别称赞品格的部分。当孩子跑来抱怨配偶时，也会多肯定配偶的爱。要让孩童明白，品行论英雄，动机是关键，父母是无条件爱孩子的。父亲常带全家一起做家庭计划，例如旅行、看电影，会使孩子有家庭荣誉感和归属感，这样就不会有一天让你抱怨孩子更喜欢待在外面。

良好的自我形象，还表现在孩子心理的很多方面，例如：

- 认知到我是有价值的

- 认知到我是有长处的

- 认知到我是可以成长的

- 认知到我父母是爱我的

- 认知到正确看待称赞和批评

有兴趣爱好的小朋友，易在同伴中找到自我价值，因此要从兴趣爱好出发，帮助培育孩子的长处。孩子的自信心，常会建立在同伴的夸奖中，而挫败于老师的批评里。预先培育孩子正确看待他人的称赞，能够面对批评。要让孩子知道，批评我们的人很可能是爱我们的，他们不是不喜欢我们，而是在讲事情，重点是真实了解事情内容是否属实，而不是在乎事情的大小、别人的情绪或态度。教育孩子勇于承认错误，但要智慧地道歉。

豁达

豁达的态度使孩子避免许多不必要的、因着人际关系的纠缠而产生的苦恼。对己表现在诚实接纳自己的全部，包括缺点，甚至是不小心造成的过失，对他人和所遇困难表现为以下这些方面。

1. 不嫉妒，不排斥，可分享

过年了，爷爷奶奶给三个孩子发礼物。第一个拿到了礼物，高兴地跳起来；第二个小朋友，没有礼物，皱着眉头，生气的样子；第三个小朋友看到别人拿到了礼物，则显得完全不在乎。

图中的情形显明了人生百态。那个礼物可能是一个机会、一次升迁，或者一把通往成功的钥匙，每个人的心态，预示了不同的人生轨迹。

第二位，心中有不平，或是嫉妒。其实长辈准备了第二个礼物（机会）给他，可是他已经生气了，好像"别人有我就不会有"，机会只有一个。父母长辈要留意公平，"一碗水要端平"，但也要正面教导他，"我们的心好像一块田地，心有多大，承受的祝福就有多多"。学习与快乐的人一同分享快乐。

第三位，不在乎，很排斥，"有什么了不得的?"。他的态度表明他轻忽了自己的价

值，机会是留给那些预备好了的人。豁达的人更在乎友情，并时常调整自己的心化作努力。豁达的态度，应该是在乎，但是也允许别人先拿到。

第一位，非常高兴地跳了起来。我们也不禁要提醒他，人生态度是谨慎乐观和分享。因为不在乎一时，乃在乎一世。骄傲来，羞耻也来。他要学习分享荣誉。因为成就其实并非一个人所能达成。

小明把刚发给他的奖状，回家送给了妈妈。

有限的资源、特定的条件，造就了成功。家长不要一味希望孩子要成绩好，要成功，同时也要留意孩子的态度，成熟与成功同样重要。

2. "我们都有需要"

豁达表现在不自私，尊重他人。健康孩子会在生活中学习拥有自己的态度，别人的态度可能和他的不一样。他们也能看到态度会带来的后果，以及他们要如何为这些后果负责任。

例如，你的孩子对家人的态度可能是"父母的存在是为了满足我的需求"，而不是"他人的需要和我的需要一样重要"。应该让他看到态度是怎样伤害自己和别人的，要教导他身处团体的价值，以及如何在其中满足需求，然后你要以经验来跟进你的教导，帮助他看到这些事情的真实性。例如，你需要让孩子知道："毛毛，爸妈在谈话你不可以插嘴，你必须等到我们谈完才可以讲。虽然我们很想知道你学校发生的事，但需要学习轮到你才讲。"这会帮助孩子发展尊重他人感觉的态度。

3. "有这个事比没这个事好"

宏达董事长王雪红女士，早期创业时被对手告上法庭。起初的她不解困惑，怎么会发生这样的事？因着她的执著努力，事情被奇妙地化解了，业界称那段经历为"小虾米战胜大鳄鱼"。后来，她又创办HTC公司，有几年时间，她奔波于和苹果公司的诉讼官司，但却得心应手。因着对业界的贡献，她成为《福布斯》2011年度全球最有影响力的女性之一和2009年《21世纪经济报道》评选的十大华人经济领袖。多年后她谈到当初的经历时说："有这个事比没这个事好！"

豁达表现在勇于面对失败，接受挑战。有一份调查问卷发给了几百位美国非常成功的人士，问卷题目很简单："你认为今天你获得成功的第一要素是什么？"你猜可能会是什么？勤奋、家庭条件好，或说有机遇、会做生意……其实那个调查的结果显示，**成功的第一要素是"面对失败"**。

生活中没有天色常蓝。非常多的孩子无法接受失败，因为他们晓得失败的滋味不好，但无法明了为什么只有一个第一名。例如：我们班这么认真准备，为什么比赛会输？其实人的心里，天生对失败有害怕与恐惧。孩子需要知道：虽然资源有限，第一永远只有一个，但是"只要我尽力了，把握机会了，我就是最棒的"。

这些成功人士的经验告诉我们，失败其实是成功的开始。在动态的生命成长中，失败和挑战是机会。"豁达"的背后是勇敢。正是这些生活中的"强暴力"，造就了一个个英雄，产生了他们在事业上的成就。

4. "其实是个小事情"

詹姆士说，每次想到要去面对那么多抱怨的客户，一早起来，他的心就会缩起来，不想上班。有一天，妈妈看着他睡眼惺忪的样子，笑着说："看到你5岁时，就可以轻松摆平淘气的表哥，我就知道你合适干这一行。"詹姆士是一家百货公司客服部的经理，他有着格外的耐心和智慧，虽然他看来很胜任，但谁也不知道，在他内心总有"好像干不久"的感觉。而母亲的话，使他恍然感到：原来这其实是个小事情。

豁达也表现在将困难和问题最小化。这种人生态度所带来的核心生活能力就是把事情的困难度、实施度变到自己可以轻松处理和掌握的程度。"把作业本送给生病的菲菲，无非我再走15分钟，小事情！""和敏敏道个歉，就是一个电话，然后我们就是朋友了。"这样的心态，会把问题变成生活实际，是心灵强健的体现。

积极

自信体现了对自己价值的肯定与憧憬，豁达是对人事物、环境和困难的态度，而积极是孩子生存、上学，以及将来成为一个合格职业人的必备能力和态度。其核心价值是尽责、勤奋、坚持和不怕失败。

1. 我的事情我负责

积极第一个表现就是有责任心、不懒散。孩子在家里现在的状态，是将来实际生活的影子。如果我们什么都包办，孩子势必养成依赖别人的习惯。

刘经理在基层做了9年，正是那些一点一滴的积累，使他现在管理几百个人有了第一手的资料，大家很服他，亲力亲为、对自己的事情负责任的作风也成了公司的风气。

2. 今日事今日毕

积极还体现在有进取心不拖拉。

很多年轻人没有激情，缺乏少年人的活力。那些被打工老板所抱怨的年轻人，工作拖拖拉拉，只有在讲工资条件时显出几分热情，其余的时间都在磨蹭，等着下班。

这些情形都是我们的借鉴，孩子要有兴趣点，同时在年少时，就被父母督促勤奋，反复磨炼进取心。"今日事今日毕"可以成为一个很好的信条，它甚至可以成为一个训练孩子的生活准则。

3. 绝不放弃

积极的意思不是永远争第一，而是永不放弃。乔丹说，"我可以接受失败，但是不接受放弃"。一场比赛，有输有赢，输了就是输了，但是还有下一场，乔丹说"我决不放弃"。英国首相丘吉尔有一段演讲是这样说的：

"我不是为了失败才来到这个世界上的。……在我的字典里没有不可能、行不通、办不到、没希望、失败、放弃……的愚蠢字眼。我相信滴水穿石的道理，我相信古老的成功法则，每失败一次，就等于走向成功一次。当我在遭人拒绝时，我一试再试，直到成功。我不因昨日的成功而满足，这是失败的先兆。我也不因昨日的失败感到气馁。"

人生态度，即如何面对人生，是孩子认知的大问题。把握正确的价值观，并活化在孩子的生命中，父母要从小着手。即便孩子还听不懂，但是正向的力量会托住他们在将来的每一个"危机"中，从险滩被引导到平静的港湾。

脉络之四：情绪商数

2007年2月6日，女太空人诺瓦克（Lisa Nowak）因"企图绑架"和"企图谋杀"罪被起诉。这位智商相当高的知名太空人，从休斯敦到奥兰多，开车900多英里，穿着尿不湿，车里载着BB枪、防狼喷雾剂、折叠刀、绳子等。她找到自己男友的新女友，上去和其争吵，引起对方报警。因为不会处理情绪，她几十年来建造的大好前程随之被毁。

智商，也称智力商数（Intelligence Quotient，IQ），是人们认识客观事物并运用知识解决实际问题的能力，包括观察力、记忆力、分析判断能力、思维能力、空间想象力等。情商，即情绪商数（Emotional Intelligence，EQ），是一种善用自己情绪的能力，使人能与他人有积极、正面及建设性的关系。

IQ和EQ都很重要，但丹尼尔·戈尔曼博士（Daniel Goleman）在其畅销书《情商——为什么它比智商更重要》中指出，**人们的幸福快乐20%来自IQ，80%来自其他因素，其中EQ占了绝大部分。**

感受能力

感受能力首先是知道自己的情绪，了解自己的感受。

孩子要可摸到自己的喜怒哀乐，明白正常人都会有情绪，这是管住情绪的前提。明白情绪的来源也很重要，要知道自己为什么发情绪了，原因何在，又可以表达出来。这需要父母一点一滴地引导，在有情绪的当下，准确地描述孩子的情绪，像面镜子一样反馈给他，无论是正面还是负面，让孩子在你的面前就像照镜子一样能了解到自己的情绪，他就会知道自己为什么有这种情绪，又可表达得出来。

其次是善体人意，了解别人的情绪感受。

敏娟和老板因为工作的事发生了争执，从办公室出来回到座位，发了好久的呆。突然看到电脑屏幕上女儿的照片，乍然想到今晚答应在家给女儿做比萨饼，抓起包，就往办公室外边跑。

回到家中，越想越委屈，眼泪下来了，突然，看到一双小手递过来一张餐巾纸。原来女儿躲在一旁偷偷观察自己，比起一个月前，自己拖着疲惫的身体回家，她还吵着要去公园的样子可爱多了。做饼时，女儿忙前跑后，嘴里还说"妈妈是最好的妈妈"，敏娟的眼泪又下来了……

自控及排压

我们要留意孩子对不满、愤怒的表达方式是什么，沉默、耍赖、摔东西、虐待？自我控制情绪及排解、抵抗压力应有更好的途径和方法，家长要注意培育孩子以下能力。

善于处理情绪、照顾自己情绪的能力

几年前，我去参观一个品格成长主题的英文夏令营，参加者全部是小学四年级的孩子。当老师问"你生气时，要怎样做？"，孩子纷纷举手，有的说"去喝水"，有的说"去上厕所"，有的说"去散步"，有的说"要唱歌"，还一起示范"1-2-3"给访客看：

1表示"停"，放在嘴边，比出1的手势；

2表示"想想"，用两根手指轻轻敲打脑袋，表示要思考；

3表示"OK"或三思，再想想。

原来10岁的孩子就可以管理好自己的怒气了，只要一分钟，孩子就可以从情绪中

慢下来，从直觉反应，进到理性反应。真是孺子可教也。

控制冲动、延缓满足的能力

东东要买一件东西，母亲不答应，就赖在地上大哭。丹丹的故事是全家去海南玩，到了旅馆，她非要自己常盖的那条毛巾被，不然就不睡，还发起脾气来，父母的反应是气愤加懊恼，恨自己怎么没想到要带那条被子来。明明也很闹，每次妈妈发现他又要发作了，就把一个平板电脑塞给他，明明马上不闹，开始安静玩游戏。

父母一定不要以"不闹"为解决问题的原则，要以帮助孩子可以自我控制为长期目标。这是一个长期目标，但也有立竿见影的例子。

东东的妈妈可以平和说："嗯，妈妈不给买，的确是件很失望的事，你可以哭，妈妈陪在你身边。"对孩子失望情绪的接纳和理解，可以让孩子比较快地平复情绪，待他平静下来，再慢慢讲给他"我们不可以把所有东西买回家"的道理，他也会比较容易接受不可以买的现实。当然，如果能够在进商店之前便约定好买或不买，孩子会更容易控制自己。

丹丹的毛巾被是她的安慰物，没有安慰物感受不好，父母若能理解而不气恼，平静地接受孩子的情绪，可给孩子心理安慰，也会使她平静下来，接受没有安慰物的现实。

而明明的妈妈在其哭闹时，给他平板电脑，就好像给了他一个奖励一样，这会使孩子体会"任性"的代价是"奖励"，那他为什么还要控制自己呢？明明的妈妈要学会安抚孩子的情绪，而不是怕他闹人发作，就用平板电脑转移他的注意力。

有健康的抒发渠道，可以排解、抵抗压力

孩子很小时就被引导自我管控情绪，长大了心态就容易健康。但是管控不是要压抑，情绪必须被排解。多多观察自然界，融入大自然中会帮助调节情绪，例如看海、散步、旅游等。培育孩子多种兴趣爱好，如绘画、书法、音乐、运动，可以起到引导孩子的作用。平常引导孩子多开口，吟诗、唱歌甚至欢呼，都可以起到帮助孩子排遣压力、抒发情感的作用。

人际互动

人际互动能力的其核心价值是关爱、尊重、公平、补偿、慷慨、宽广、谦和、接纳和忍耐等。

可以正常表达关爱，有交朋友的能力

孩子不光在家关爱父母和长辈，在学校也要有交朋友的意识。关心他人，往往是交到好朋友的第一步。

一个同事的孩子原本非常内向，可是过了半年，我再去他们家，发现原本腼腆的孩子愿意来打招呼，和我说话也流利很多。交谈后才知，原来这半年来，同事有了新的家规："放学不带小朋友回来玩，就没得玩。"

不用怒气回应

孩子在面对拒绝时，多数是用"生气"回应的。

我们要培养孩子接纳别人，包括饶恕他人的过失，当别人做错事了，孩子可以说

"没关系"，自己也不发怒。

情绪健康的孩子有换位思考的能力，也可以想到一种情况发生的多种可能。能够分辨对方是针对哪件事，不把对方对事情的拒绝变成对自己这个人的拒绝。

情绪不转嫁

有情绪的孩子往往"六亲不认"。帮助孩子体会到情绪的伤害性很有必要。小一点的孩子要明白情绪不要转嫁，对妈妈的气不能转到奶奶身上；一早起来的起床气，不能带到课堂里。这样的孩子，将来上班了不会影响工作，会是合格的职业人；谈恋爱了也不会"黏黏糊糊"，无法正常交往。

可以面对、协调和处理冲突

在人际互动中有道歉能力是很重要的，"什么都是我对"是人际关系的杀手。父母可以用故事和自己道歉的实际作为来带动孩子。孩子错了，也可以带着他一起去道歉，使孩子认知到道歉是打开人心的"钥匙"。

同事的孩子举行生日会，小小年纪他竟然可以"协调"孩子当中蛋糕分配的问题。同事的秘诀是，一定不要逼着孩子把玩具分享给别的小朋友，那样他们会永远也学不会考虑他人。重点是激发他和别人一起玩的乐趣，让他自己思考。遇到困惑，随时提醒他："如果今天是你，你会怎样想？"

用什么撑起孩子的未来

脉络之五：情感层面

有个流传很广的比喻，说每个人都像杂技团小丑，手里玩着五个球。这五个球分别是工作、健康、家庭、朋友和灵魂。这五个球只有一个是用橡胶做的，掉下去会弹起来，那就是工作。另外四个球都是用玻璃做的，掉了就碎了——因此，身体要健康，家庭要和睦，朋友要真心，灵魂要干净。

每个人的这五个球中至少有四个和情感有关，不幸的是，是那四个易碎的。现代的流行语是"纠结"，它代表了面对取舍时的复杂心情，正是一个真实活在现实中、有血有肉之人的真实写照。情感是人类特有的资源，依据对象不同有亲情、爱情、友情、恩情及对物品、宠物等的感情；依据强度不同有喜欢、爱恋、上瘾等；依据性质不同又有美感、厌恶感等。情感是人的感受，理性（思想）、意志和直觉的汇集地。情感像枢纽一样连接着我们的反应（态度）、决定，以至于和情绪有千丝万缕的关系，心灵强健的孩子情感一定是健康的。

自发地爱

一个上了年纪的朋友说，父亲去世前，他去医院看望，心中非常想说"爸，我爱你"，但是始终没有开口。后来，每次看到父亲的遗像，眼泪就会流出来，心中也十分懊悔，再没机会当面和他说"我爱你"了。

"触景生情"把情感的自发性形象地表现出来。一个孩子的情感要像一个没有堵塞的源泉一样，自发地可以表露。父母对儿女的爱是真实且自发的，我们也要留意让

孩子从小可以自发地爱并无所阻碍地表达爱。

强强妈说，没人教三岁的强强，但这孩子常常玩着玩着就跑过来，说"我爱妈妈"。"没人教"只是没有刻意去教，或者是妈妈经常说"我爱宝宝"，这么一句示范足可令强强学会表达爱。孩子表达爱，妈妈要回应他"妈妈也爱你"，让这个爱的源泉可以一直流淌着。

健康的情感是可以产生亲密关系的。人的情感需要一个全心所关注的对象，同时也期盼着爱与支持的情感回馈。受伤的情感因被拒绝、嘲笑、冷漠对待，会使心封闭起来，泉源也就干枯了。这样的情感要得医治，而唤回情感的能力仍在于爱。

自由地爱

不依附

健康的情感有亲密，但无论哪种情感，都不可以依附于他人。换句话说，健康的孩子可以自发地表达，同时在情感上有界限，"收放自如"。具体的表现是虽有各种情

感，但依然可以正常工作、生活。当多种情感交错纠结时，可以合理利用、智慧分配。若不幸有失去（如分手、亲友病亡、损失等），虽会有心痛的过程，但不至于"要死要活"。

关于一岁孩子和妈妈互动的心理实验表明："安全型"的情感，是当妈妈离开时有些发慌，表现出"不舍"；妈妈离开后，哭了一会儿，会有办法使自己安静下来，又可以开始玩耍；而待妈妈回来后，真诚地流露出爱和快乐。这是健康孩子的表现。

"逃避型"的孩子对待母亲离开或归来，都没有反应。事实证明，他们的内心有很多感受，但是无法流露。"焦虑型"的孩子则有强烈依附，妈妈走后，大哭不止，无法平复，妈妈回来也激烈回应，甚至哭泣、打妈妈，来宣泄不满。还有一种叫"混乱型"，明明看见妈妈回来很高兴，很想亲热，但又以拒绝来表示。

后面这些不健康的形态，都会使人在一个自己希望建立的亲密关系中，变得"黏黏糊糊"。无法得到爱的孩子，因着渴望得到爱而错误依附。失掉配偶的家长要留意孩子错把心中对父爱和母爱的渴望化作恋爱的对象。

爱是孩子情感健康的动力，而爱里的价值观播种，便是孩子健康的最大保障，从小开始，便要将"妈妈无论去哪里，都永远爱着你""别人不接纳我，不代表我没有价值"等这样的价值观通过各种方式种在孩子心中。

不占有

博物馆里，一个妈妈带着儿子观赏。"太漂亮了!"儿子说。在孩子的心思里，是想把这个要抱走。

要让孩子们清楚，欣赏美是好的，但是因为好、美、喜欢就希望占为己有，是错误的价值观。孩子可能想"为什么我不可以拥有"，而我们所希望的是："我欣赏这个，但不一定要占有。我对现有的满足。经过我的努力可以创造新的价值、产生新的拥有。"所有的拥有都应该基于合理合法。

友谊和感情是有阶段的，要逐步发展，并且要在互动中发展的。也就是说，它不是一方决定的，而双方的互动。不管我们有多喜欢或认定，只要对方不认同，我们就应该放下，而不能妄图占有。友谊从相遇、普通朋友、知己，到亲密是逐步发展起来

的。刚刚认识的朋友，如果我们就对其产生亲密期盼，所谓"一见钟情"，就无怪常有人感叹"又被伤害了"。

有人情味

情感的魅力，在于它是人和人相处中的黏合剂。人性化，便是指以顾及人的情感和价值为出发点，尊重人的本性和特质。人情味本质便是人性化，这个味所发散的，是"人情冷暖"中的"暖"。教导我们的孩子有人情味，同时让他知道这与秉公执法以及作对的决定，是不矛盾的。

人情也有馈赠物品的含义，友谊不在于吃饭、送礼，不过小礼物的确会增加友谊、加深感情。说话带着情感，做事讲究人性。以情服人，以理建立界限，是理想的状态。

情感最核心的部分便是爱，爱他人并接受他人的爱。健康的情感是自发且无阻碍地爱，是自由地爱，不依附也不占有，也表现在富有人情味。

脉络之六：生理与性

一个孩子的身、心、灵发展，和他生理以及各个器官、体格的长成是密切相关的。非常多的孩子会把把异性的问题和自我认知的困惑搅在一起。异性的问题正是体现了差异性，还有要否彼此接纳的困扰。处理好异性关系，会帮助孩子有正确的爱情观、婚姻观以及未来的家庭幸福，这些都是价值体系的果实。

此脉络的核心价值在于：尊重自己的性别特征、生理特性、身体隐私；避免少儿性侵犯，及其他生理侵犯发生的可能性；从心里尊重异性，认识差异性并可欣赏和包容。

生理认知

人从哪里来？为什么有生理上的差异？这些所谓人生的问题，常常很困扰孩童，其实是人生观的问题，很多会和生理问题挂钩。把生理的问题解决好，其实在一定程度解决得了孩子人生观的问题。

生理成长知识

根据孩童的问题，适时回答孩童的好奇。即便孩子没有明确提问题，也要根据情况主动关心孩子对自己外部生殖器官的认识，做好生理成长的普及教育。不要把孩子"逼"到网络里求知识而陷于黄色网站无法自拔，或和坏孩子学经验，要使许多情况在安全及健康的环境里得以解决。

永乐总觉得自己的生殖器官不对劲。到16岁时，面对每天都嘟嘟囔囔，显得忧心

重重的他，妈妈终于说服舅舅带他去医院检查。舅舅带着觉得需要割包皮的永乐挂了号，结果医生检查说"完全正常"。

父亲要担起对男孩生理期启蒙教育的责任。母亲要留意对女生随时的关心，了解她们生理的需要。

生理期的维护

有两性才有生命繁衍的可行性，无论男女，都有生理周期。进入青春期的孩子，生理期的认知和维护就显得格外重要。生理期与情绪、生理状况（荷尔蒙分泌等）多方面因素相关。在自我认知方面，要留意生理期对情绪、身体等各方面的影响，认识到其实人的生理变化也是美的，而且留意此规律并加以维护。

很多女生在月经初潮的时候，觉得是个麻烦，甚至用各种代名词贬损、嘲笑、拒绝。有例证表明，当这种拒绝到一定程度，会使孩子的生理期紊乱，给她造成很大的精神困扰。

男生也有生理期，如果辅导男生晓得有生理期，并在思想、读书和体能消耗方面有效引导之，可以避免绝大多数青少年对性诱惑的无法抵制，以及不必要的心理负担，减少犯罪的可能。

让孩子明白不同性别的不同生理反应是极为重要的。生理期的问题，是书本要教的，但是家长也必须补足孩童在生理期的困惑，例如：性器官是怎么回事？我的性器官是否健康？这些问题，父母都应该第一时间成为孩子的老师。

性别认同

父母从小就要清楚告知孩子的性别，"你是男孩子""你是女孩子"，性别要清楚。同时教育男孩应有何特点，女孩应有何特点。很多青少年对性别的困惑，其实都源于孩童时期没有明确的认知。

青岚的爸爸好想要个儿子，青岚出生后，他很爱她，但每一个要求都是按男生的标准。等到青岚长大了，她的"假小子"绰号在他们那里家喻户晓，男孩子都是她的哥们儿，没人愿意或"敢"娶她。

李洁有两个姐姐，妈妈和爸爸非常喜爱这个小儿子，像女儿一样娇宠他。他长得也面目清秀，妈妈便给他扎小辫、穿裙子。平常洗澡大家也不避讳他，所以李洁是和两个姐姐一起"混"大的。他的一言一行都像个女孩子，渐渐同学叫他"娘娘腔"，更要命的是，他心中也常"梦想"，自己是个女人该多好啊。

家长要留意告知孩子对的性别，建立其特有的性别优越感，同时，有智慧地补充其希望的性格。如果孩童非常欣赏和羡慕朋友有而自己没有的，父母更要慎重这方面的教育。孩童长大之后，很多性取向、交友的问题，其萌发都是在孩童时期，要留意孩子交往的朋友，特别教导孩子尊重自己的性别，使其生理、心理健康发展。

尊重异性

异性之间的差异和同性之间的差别，是不尽相同的。异性的差异随着年龄的变化，会更显著，家长要留意孩童在启蒙期对异性的吸引或异性作为的困惑。

向东对父亲有很多无名火，其中一个就是爸爸对妈妈太凶了，动不动就训斥，妈妈常常默默流泪。妈妈私底下和别人表示，一切都为了孩子，等孩子大了，就和他离婚。28岁时，向东和丽娜结婚了，他暗暗下定决心，一定不要像父亲，要对老婆好。可是一年后，每次回想自己训丽娜的样子，那个训斥的场面那么的熟悉，向东心里好痛苦。

丽娜的心里却有着不一样的故事，她觉得心中有两股势力在挣扎，一方面她希望对向东好，可是另一方面，她总是希望向东可以更好些，例如更会说话、更懂得体贴、更知道怎样花钱等，每次她有不满意，心中总好像要冒出一句话："怎么男人都这样？"丽娜心想，怎会有这个想法？

接受辅导之后，丽娜发现其实她对父亲心里有轻视，而这种对男人的失望其实在丽娜的原生家庭里就形成了，也不知不觉带入她的婚姻中。向东虽然立定心志，但是父亲潜移默化的影响，已经形成了他对女性或配偶的固有态度，导致他进入婚姻后，想对丽娜好但好像没有能力。

从孩子小时起，父母便要留意不当着孩子的面争得不可开交，注重培养孩子尊重异性，这样的思维模式，会产生对的恋爱观和婚姻观，促进孩子的婚姻幸福。

差异性会使这个社会更丰富、美好，而异性的差异性，更造就了生命传承的合宜、必然与相应的美感。男生和女生的彼此支持、互相帮补，才使社会分工更合理。心灵健康的孩子容易看到自己的有限和彼此的需要，认同差异性，在心态上尊重，在行动上帮助。

安全教育

● 过早的异性交往

遇见孩子过早的异性交往，不要惊慌失措，不要冷嘲热讽，不要不理不问，当然更不要火上浇油；要和颜悦色地分享、了解，具体情况具体分析。孩子有时只是好奇，或者性别感并不明显，只是作为好朋友。家长过多干涉，会疏离与孩子的关系。因为如果是交往，他们都会带着格外美的内心强烈感受。如有必要，和孩子讲讲自己或他人失败的故事，让他自己思考。

● 尊重自己的身体

社会媒体的影响，以及人生理、心理的反应，还有食物（比如打了生长激素的鸡）等的因素，现代的孩子普遍趋于早熟、早知。但是父母要提醒孩子尊重自己的身体，避免未婚先孕。

● 避免性侵害

教导孩子尊重自己的外部特征，包括器官特征，并且要留意孩童在被侵犯方面的保护。要让孩童知道怎样维护自己的，哪些部位不能让别人看，不能随便叫人摸，界限在哪里等，教导他对他人不正当的要求勇于说"不"。

脉络之七：生活习惯

生活中点点滴滴的细节，会养成孩子良好的品格和生活习惯。心灵强健的孩子在生活中，应该是一个有健康的生活方式、有朴素的劳动作风、善用资源和处处展现出美德的人。节俭、自律、勤劳、自省、节制、有计划性、善于分配等可以说是其核心价值。

善用资源

小芳要弄干净桌子，可是没有抹布，丁丁拿着自己的旧衣服跑来递给小芳，解决了她的问题。

每种物品都有它的价值，因而也有一定的功用，当一种功用消失时，要寻找其他

的利用价值，这个叫善用资源。

资源是指那些可以用来为我们的目的或使命服务的人或物品，有有形资源和无形资源之分。时间、精力、金钱等属无形资源，矿山、水等属有形资源。

孩子应被培养成对资源有认识，在善用资源上有概念的人，例如有时间观念；理财观念，会管理自己的压岁钱；不随便浪费，随手关灯、爱护公物，等等。

自理能力

健康的生活方式越小培养越好，例如规律地生活、注重个人卫生，懂得劳逸结合。而这些健康生活方式的培育，除了榜样的力量外，就是信念的输入。我们的孩子应该"禁得起摔打"，言行一致，不依赖人，从小就有自理能力。

娜娜全家一出游，她就无法排便。小脸憋得通红，妈妈也是干着急没办法。借此机会，爸爸和她讲了吃青菜的重要性；但是一换个地方，娜娜就睡不好、吃不好，她的体质太容易紧张了。

父母不应纠结于如何使她不紧张，而是回到家中要调整她的生活方式。太多的呵护有如把孩子放入温箱中，温室中的花蕊无法经历风霜。娜娜自从参加了一个少数民族地区访问团，看待事物的方式就有所改变。她说，以前"贫穷"对她就是一个词，现在她明白贫穷的真实含义了。回到家中，她发现自己什么都可吃了，睡得也香了，零花钱都攒起来等着以后捐献。

小强在外边是人人夸奖的好学生，还是班长，可是在家里：书桌上杂乱不堪，地也不扫，垃圾桶侧翻，被子也不叠……

勤奋是好品格，在人前人后要一个样。它不仅指学习习惯好，也指家里的生活习惯，特别是可以料理好与自己相关的生活环境。

一分耕耘一分收获，不劳动者不得食。我们要训练孩子习惯劳动、作风朴素。

从小开始做家务对培养孩子动手能力很重要。从收拾自己的玩具，帮忙饭食，到主动承担家里的清洁。孩子劳动习惯有了，很多品格如勤奋、尽责、关爱、珍惜等也就自然形成了。

执行能力

有计划有目标

教导孩子有明确目标，做到头脑清楚，动机明确。小学四年级以上，可以带领孩子做一些长期的项目，例如养花、养小宠物、培育标本等。

帮助孩子把大计划拆成无数个小计划。一个简单可行的教导方式，就是走红绿灯。选择一段路程，然后帮助孩子数好红绿灯，让孩子清楚到达目的地需要经过几段马路，几个红绿灯，并绘图示范，从而使孩子有作计划和分解计划的能力。

有整体、部分、分配的概念，从头到尾完成一件事

9岁以上的孩子，应该可以完整地把餐桌收拾干净。生活中可以发现孩子少捡了

一样，或桌子没有擦干净，都没有关系，这样生活能力的锻炼所蕴含的价值观，正是借着生活的点点滴滴而完成的。同一个练习可以每周做一次，并且反复练习，肯定孩子的成长。品格力不仅表现在孩子有好的道德操守，也表现在孩子有生活技能，可以运用在生活的方方面面。

培养执行力

目的：培养孩子的执行力和持久力，从头到尾，完成一件工作的能力。

着眼点：第一，使孩子有总体和分类的概念；

　　　　第二，从头到尾完成一件事，明确开头、结尾和过程；

　　　　第三，着重于执行力和持久力。

进行方式：

●时间：把一星期中的某一个晚上收拾碗筷的任务经商议后由孩子承担。

●明确任务及考核点：a.吃完晚饭的全部碗筷收拾至厨房，b.包括擦干净桌子，c.恢复坐椅摆设。

●帮助者、评判员及奖惩制度：父母之一为帮助者，另一位为评判者，奖惩制度可设或不设。

帮助者在执行前和孩子讨论：

1.认清任务：全局是什么，细节包括哪些点？

2.分类：哪些可收在一起，哪几个细节可以归为一类？

3.结果评判：要评估考核什么？

用什么撑起孩子的未来

脉络之八：意志选择

记者采访某著名成功银行家："请问，您成功的秘诀是什么？"

银行家不假思索地回答："四个字：正确选择。"

"哦，那么您是怎样做正确选择的呢？"

"四个字：生活经验。"

"请问您是怎样有生活经验的呢？"

"四个字：错误决定。"

人的一生是由无数个决定组成的，幸福与否，又取决于其中几个重要而关键的决定。有研究表明，每一天，我们都会做几千个决定，例如，穿什么衣服，上学走哪条路，要否和某人说话，早餐吃什么……而这每一个决定，其实就是我们的选择。

男生多用思想作决定，显得理性一些；女生多由情感支配决定，很感性，当然也有反过来的。无论是思想还是感受，根据生命公式，最后都得经过"选择"，也就是说，无论是感性还是理性，最后都由决定带出来。不得不承认，人一生的幸福在于选择。

选择能力

一个健康的孩子，会自发地作决定，并且选择美善的。没有选择力的孩子，或是由于被父母"强硬压住"的唯唯诺诺，有主意但不敢选，等他们有机会时，就"随意选""故意选父母不喜欢的"，那些挥霍无度、有机会就胡来的孩子就是此例。或者凡事都是父母选，看似老好人，其实不会选，没主意，没有创造和进取能力。

自由、主动选择

父母要认识到，使孩子自己主动地把价值观找出来，并用出来是多么的重要。不要过多控制，相反，放开一些，让孩子自由地选择。

在很多情形下，孩子根本没有征求父母的意见的机会。例如，孩子在上学、放学路上，很多场景，家长不会知道孩子会发生什么情况。进入社会，他们会遇见什么样的朋友，面对什么样的选择，家长必须要帮助孩子有独立自主的能力，最基本的便是要从自主选择开始。如果父母没有大量的训练，孩子可能根本不会选，因为发生的都是新的情况，新的问题。

在放学的路上，涛涛遇见一个人。拿着500块钱，希望买自己手里的电脑。电脑值5000元，而这个人说："小朋友，把电脑卖给我，我给你钱，可以买玩具，你跟你父母讲丢了不就行了。"孩子可能会说"不不不"拒绝他，也可能卖给他。但是，不管哪种可能，家长都可能完全不知道。

因而，除了在生活中主动积极地了解孩子的情况，掌握可能发生的状况是一方

面；防患于未然，建立孩子能动的价值机制显得更加重要。

在平静中作选择

混乱和匆忙之中作的决定往往事后会后悔。注意培养孩子在平静中体味人生，学习领受。将孩子的反省、思考多带入平静中，这样的孩子遇见事不会慌乱，作选择可先平静。

麻省理工学院的一项实验显明，平静状态是思维最易作判断和选择的时候。他们把小白鼠放到迷宫里面，并对小白鼠的头脑进行电波扫描和分析，比起那些横冲直撞的小白鼠，遇见迷宫而停住"思考"的小白鼠，更容易走出迷宫，显示学习力更强。

平静中可以生发新的思考点，利于知识的学习。多带领孩子在轻音乐中，或者在公园中，领会平静的内心，使孩子学会更多倾听心中的声音。这种学习是非常宝贵的，也会帮助孩子在一个新的情况下，懂得再回到内心寻找答案，而不是机械地应付外面，匆忙选择并且后悔。

决策能力

除了选择能力外，综合信息的能力，提炼问题的能力，甚至预测的能力都是作决定所需要具备的。当然，我们无法要求一个小生命具备如此多的能力，因为那必须有大量的生活经验的累积，但是平常就训练孩子用数据说话，累积支持作判断的条件，常可以找出替代方案，对于克服从众心理等都是有帮助的。

克服同侪压力

同侪压力是从众心理在孩子和青少年中最典型的反应。简单讲是指从同辈之间而来的压力，因着归属感的需求，希望被接纳，孩子在谈吐、衣着、打扮和花钱方式等上面放弃自己的价值观，而追随朋友、同辈或普遍认知的价值观。

克服同侪压力最有效的方法就是常常明确自己的生活准则，使价值观在心中发挥作用，不忽略良心的"告诫"。

大量的模拟练习

葡萄藤上有好果子，也有野果子。孩子小的时候，都是问父母意见，那么除了告知我们作为父母的意见倾向之外，也把我们选择的原因、所看重的价值观一起"输入"孩子的系统，会帮助孩子成长。

父母需要大量对孩子的正面教育，不应仅仅是课本上的知识，也应包括结合生活的选择教育，比如说，看到拐卖孩童的案例，就应适时地提醒孩童；看到有孩童见义勇为，但不懂得保护自己而失去生命，也应该及时地教育孩子，要学会先保护自己，等等。总而言之，这种培育，必须是动态的、多次的、不厌其烦的。当然要结合孩子年龄的成长阶段，只谈适龄儿童可能会出现的问题。

屡败屡战

上面提到的银行家，其成功秘诀是从错误决定中累积生活经验，至终学会正确抉择。**父母要相信，即使孩子没选择对，也会有成长**。成长和改变才是父母迫切盼望发生在孩子身上的。成长往往是从失败里学来的，我们的口号是"屡败屡战"。

涛涛如果想买一个玩具而卖了电脑，他可能需要面对父母。父母要学会给孩子成长空间。一方面管教，另一方面要开导。恨自己，怪自己，不是健康的生命状态，选择饶恕自己，给自己成长空间，也是一个对的选择。

选择做杰出的人

有时我们该思考的，不是对错好坏的问题。换句话说，可能孩子所选的也是健康的。例如学习，孩子并没有选择偷懒，很认真地在学。但是孩子有没有愿意寻找更好的解题方法，有没有意愿学得更好就是另一个层面的选择了。健康的孩子，或许不很全面，但是他一定在某方面是优秀和杰出的。事物有好有坏，即使都是好的，孩子要有能力选择上好的。

选择健康的生活态度就是选择最好的。快乐是个选择。父母可以和他分析，你可以发脾气，生气一天，也可以选择快乐过一天，从小就给他这个观念，让他知道，快乐是在自己手里的。

与快乐相同，感恩也是一个选择。可以怨天尤人，也可以为生活中已经拥有的而感谢。常常让孩子想出三件感谢的事，是一个很好的操练。

生活中的每一天，我们都要做上千个选择，一个思想是一个选择。但决策是选择的延伸，它实在决定了人的生活质量。不管所做的是否有坏处，要训练孩子总是在他的认知程度中作最好的决定。

意志力

我们不光希望孩子有选择能力，会选择，也当培育他做个意志坚强的人。

意志力是人格中的重要组成因素，对人的一生有着重大影响。人们要获得成功必须要有意志力作保证。孟子说："天将降大任于斯人也，必先苦其心志，劳其筋骨，饿其体肤，空乏其身。"这段话生动地说明了意志力的重要性。要想成为一个成功快乐的人，需要具有火热的感情、坚强的意志、勇敢顽强的精神，克服前进道路上的一切困难。

法国17世纪的著名将领图朗瓦以身先士卒闻名，每次打仗都站在队伍的最前面。在别人问及此事时，他直言不讳道："我的行动看上去像一个勇敢的人，然而自始至终却害怕极了。我没有向胆怯屈服，而是对身体说——'老伙计，你虽然在颤抖，可得往前走啊！'结果毅然地冲锋在前。"

大量的事实证明，好像自己有顽强意志一样地去行动，有助于使自己成为一个具有顽强意志力的人。

主动的意志力能让你克服惰性，把注意力集中于未来。在遇到阻力时，想象自己在克服它之后的快乐；积极投身于实现自己目标的具体实践中，你将能坚持到底。

即便作了对的选择，但是能否专心坚持到底呢？专心并坚持到底才是确实成功的保证。思想好不一定代表有做事能力，做得好也未必会带出持久的影响力，坚持到底才能发挥最大的价值。

除了信念坚定外，意志力的训练最主要的是专心。从小帮助孩子专心写功课，专心看书，专心听别人讲话，等等。专心的人容易坚持。

用什么撑起孩子的未来

脉络之九：憧憬未来

收获季节果实累累的葡萄树，是从葡萄幼苗开始长成的。从一个小男孩身上，我们似乎可以看见一位将来成为父亲的成年男子；在每个小女孩身上，我们似乎看见了可以孕育生命的母亲。我们每一个人都是从一个种子开始的。

我们每个人的心里都有一个种子。从孩子一生下来，我们就应该告诉他，生命是有价值的，你有你的使命，去完成你的使命，达到你今生的目标。这个种子代表了活着的目的、才干等，或者每一件要结果子（要成就）的事。种子具有自我繁殖的生命力，它能长成、繁殖，结满整个藤架。价值观就是一粒粒种子，支撑起我们的生命，活出多结果子的生活。

幸福快乐的孩子，对未来有憧憬。没有什么可比一个对未来充满盼望的、愿意活出卓越、愿意改变的孩子产生的影响力更大。价值体系中梦想、远景、生存目的、卓越、规划、盼望、等待等观念，是孩子达成幸福人生的种子。

卓越能力

我们应该改变我们的信念，在生命中拥有成功不只是少数特别的人才可以达到的。每一个人都有机会，只要看看葡萄树，我们就会有信心，种子一定会结果的。

俗话说，不进则退。我们无法在静态中希望事情会有眉目，只有在动态里进步，才是最好的生存法则。我们要鼓励孩子踏实，给他们一个盼望卓越的心。如同葡萄藤自然向下扎根，向上成长，心灵强健的孩子应当盼望成功。

有卓越能力的孩子成绩好是自然的，他不是因为奖励和怕打，怕考不上大学而刻苦。他就是希望学好、做好、表现好。如果父母能把"高考成绩好"的理想变成这一生"活出卓越"的梦想，那些上了大学，就开始"拼命玩"，或失去动力目标的年轻人，也许就不会那么茫然了。

即使一个三年级的学生无法和初一的学生在判断和学习能力上相比，但他们是否在各自的年级"卓越"，确实是显而易见的。那些期盼成功、渴望伟大的意愿是健康的，卓越的能力是保障，它的表现就是孩子在其可以胜任的领域或环境下，渴望优秀与杰出。

梦想能力

梦想能力的核心是孩子心中有远景，或者换句话说，他们的思想有盼望，看待任何事都觉得可以做好，明天会更好。

孩童的类型有多种，有的恐慌未来，有的单靠未来、不做现在，还有的完全不在状态，不知道明日为何物。但是，无论是哪一种孩童，使其明白将来的事，都与今天时间的掌握相关联，是好的、有意义的。

不要讲："你怎么可能当宇航员？宇航员视力可好了，你都带小眼镜了。"

可以问他："丁丁，你将来想做什么呀？"邀他多一点憧憬，帮他一起分析讨论。这样的孩子，学习可能是自发性的。

不要限定孩童未来的发展方向，但是，应引导其对将来有盼望。不要限定孩童所谓的胡思乱想，要让他们清楚，未来掌握在自己手里。

孩童对未来的框架、认知，往往决定了他的走向和定位。

孩童是属于未来的，他们的价值在于未来。将未来界定在盼望中，会在孩子的生命里创造一道亮丽的色彩。有些价值观，比如"凡事都可重新再来"，常常会在孩子思想上引导其不怕创新和失败的决心。可以多用他人的经典、名人的传记等来建立这样的信念。

一个父亲对女孩子说"你不会有出息的，我绝不看好你""你这么糟糕"，这样的话语会深深地伤到孩子，使她无法突破自我。父母要意识到，伤害性的话语，会伤害到孩子的自我形象和人格，更可能会伤及孩子一生。

规划能力

当孩子说出了一些显得狂妄，但不是欺侮别人，而是自己对自己有所期盼的话，这时要肯定他，要问他："那你打算怎么做的？""你有没有想过，要分哪些步骤可以做到？"肯定他，帮他一起脚踏实地讨论成功。

常常用孩子期盼的目标来约束他、引导他，是父母的智慧。当孩子走偏路时，要借着其远景、志向，把他拉回到正路，这或许是父母对孩子管教最好的切入点了。帮助孩子建立对未来的憧憬，并持续地激励他，帮助他乐观看正面的未来，同时教导以他心中的志向，来把握自己生命的轨迹。

一个母亲对她青春期的孩子讲："最近我观察你……你忘了以前的目标了吗？"孩子的从业目标可能会变来变去，但其内里的精髓应该是一致的。一个原想服务大家、从事教师职业的，或许会因着爱好而改学医科。但是，突然荒废学业和不良少年混在一起，就不会帮助他往这个方向走了，老师与家长用其心中的憧憬容易令其反省并回到正途。

又如，孩子很喜欢画画，希望当画家。一方面鼓励他绘画，另一方面，规定他按时做完功课后才可以画，那往往孩子写作业的动力会增加。同时，还可借着成名画家

的故事，培育其品格，使之有效法力，一举多得。

耐性可能是孩子最缺乏的。"要等到什么时候啊？""什么时候才能长大？"可以引导孩子：等待不是一件坏事，不能在浪费时间里等。要约束自己的心，踏实地学习，充实自己，才能实现梦想。

规划能力包括了孩子面对每天的功课、学业可以有条不紊，还有对时间、精力等资源可以合理安排，有分析问题和解决问题的能力，常常以终为始来思考问题。

人不可以把握明天，因为未来的确带着不可知性。但是，太多的生活实践已经证明，未来的某些脉络又是可以把握的。

有梦想的孩子，其未来的走向常是安全的。他们可能会彷徨、迷茫，甚至可能停顿或有阶段的放弃，但是，心中对卓越的渴望，吸引他们的梦想，以及愿意在生活中规划的能力，帮助他们的葡萄枝有攀延的方向。

　　　　　　　　　　　　　　　用什么撑起孩子的未来

脉络之十：礼仪素养

妈妈问冬冬："刚才叔叔给你让座，为什么你以前很有礼貌，总是说'谢谢'，现在都不说了？"冬冬振振有词："对呀，我每次谢谢叔叔阿姨，他们都说'不用谢'，所以，我就不说啦！"

礼仪和素养都是孩子显在人前的表现。很多时候，孩童的鲁莽或礼仪的缺失，使家长感到非常的尴尬、生气。但是经过疏导，他们大多都可以有样学样，形成好的礼仪，在家里、社交场合做文明人，释放尊贵的气息。尊重、自律、礼貌、美、尊贵、更新、幽默是此脉络的核心价值点。

转化能力

心灵健康的孩子，不应当仅是盼望有卓越表现或表现好的孩子，而且应当是明白了道理，接受了信念后，知道怎样去做的孩子。例如，一个孩子可能不知道怎样骑马，或者西餐的礼仪，但是父母若随时教育有礼貌，注重礼节，要接受和尝试新事物的观点，孩子就会在合适的场合善于学习，不僵硬，敢于创新。

冬冬的故事给了我们启发，**重点是让孩子明白礼仪和素养背后的价值观含义**。例如说话看着对方，有礼貌打招呼，是表达尊重。洗碗的水不要开太大，以防溅到外面，也是因着节省能量和资源。不打断别人说话，有问题多用"请问"开头，除了尊重之外，还有通情达理的层面。把垃圾分装好，放进垃圾桶，是方便他人，且爱护环境。每一个行为规范，避免只教导外在的技巧，而忽略了礼仪内在的真实含义。

同时，懂得真正的意义才会使孩子心领神会，甘心乐意地去尊重公共礼仪，例如排队等公车、买东西需付钱、不在公共场合喧哗等。要让孩子懂得做高尚的人，有内在的情操，公平公正也自然会从里面带到外在。

品格的力量还在于人前人后一个样。一方面要注重孩子在人前的表现，但真实的美，却体现在生活中别人看不见的时候。俗话说，台上十分钟，台下十年功。除非一个人已经磨炼一个素养上百遍而成为其习惯和品格了，否则，再漂亮的展现也不过是昙花一现。

自律能力

1. 展现美和尊贵的部分

把事情做好，把礼仪处理好，不仅是讨人的喜欢，更重要的是自己体面，内心舒畅。教导孩子注意公众形象，使他人舒畅，自己也享受体面并获得尊重的快乐。

子罕和玉梅带道道去同事家做客，道道跳沙发，又翻东西，拉冰箱，拿起摆在外面的东西就吃。说好该走了，又赖着不走。同事总是很客气地说："没关系，小孩子

嘛。"但是子罕和玉梅觉得好尴尬。

该如何对待类似这样表现的小朋友呢？

- 先从家里管起。孩子在别人家或在公共场合"失态"，在家里一定有类似的表现，先要从家里管起。

- 适时管教，并给他自己选择。第一次示意他停止，要明确告诉他，这样就不好玩了；如还是不听，要果断把他带到一旁，看着他的眼睛，告诉他不可以再这样，他要选，或者安静下来，不跳了，或者马上带他离开；如再次发生，就带其离开，说话要算话。

- 相信孩子是讲理的。父母常常纠结孩子不听话，其实，多数孩子是很讲理的。下次要和孩子预先约定"今天爸爸累了，我们只能待一个小时"，或者"你要听话，尊重我的同事，否则妈妈马上带你离开"等。

- 平时激发孩子展现正面。不能翻东西、想吃东西先询问等习惯，不光是尊重别人，也是学习把自己最好的一面展现出来，而不是自己方便、随意的一面。要让孩子认识美的、高雅的，愿意展现使人有美感的部分。

2. 越小训练越好

从心里的肯定，哪怕仅有些小的改变，都会使孩子注意到自己在公众面前的谈吐，留意到自我形象。把礼仪教好，父母一定不要被孩子的不礼貌气昏了，或者一味挑剔。要知道，没有教过，孩童会无所适从。

东东吃一次饭可费劲了，每次吃饭，都好像打仗一样。星期天全家去餐厅，东东也是故伎重演，有什么办法呢？

- 明确"游戏规则"——纪律和执行；控制孩子的零食。例如规定，只有在饭桌上才可以吃饭。父母从一两岁开始就训练孩子自己吃，哪怕吃得到处都是。

- 及时肯定。孩子做得好，就要给以及时肯定，这会强化孩子好的行为。

- 尝试用低而温和且清楚的语调说话，特别是对12岁以下的孩子。

- 不能生气，生气就输了。父母试着想象一下，如果这幅图片里，若是自己的孩子追着别人要吃的，一定会感到非常的羞耻。类似的情况下，如果父母回到家以后，只是一味强调"你有多丢人，让我们多没面子"等等，孩子可能会一头雾水，最多下次在这类事上不犯错，因为父母会生气，而无法触类旁通。

3. 平时累积"礼仪"信念

- 无论对象年纪是老是少，地位是尊是卑，都要谦恭有礼。有位教授上课前在门口先行礼，他说："不知道他们中间有谁将来会是伟大人物。"

- 习惯跟人打招呼，以合适的话尊称对方。例如，用"请您"开头。

- 常注意到别人的方便，不要只注意自己的方便。比方你发出的声音或听音乐不要吵到人，大家都安静时要轻声（耳语式地）说话。

- 不要从两个正说话的人中间穿过，除非没有别的通道，并且要先说对不起。

幽默能力

礼仪也表现在被冒犯或被挑战的时候如何回应。如何面对一些嘲笑、尴尬甚至羞辱呢？一则，孩子要明白自己是尊贵的、有价值的，就不会被一些羞辱或突发的状况所吓坏或击倒；二则，大度是好的礼仪表现；三则，幽默常常是对无理举动最好的回击。

德国大诗人歌德有一天在公园里散步，不巧在一条狭窄的小路上遇到了一位反对他的批评家，那位傲慢无礼的批评家对歌德说："你知道吗，我这个人是从来不给傻瓜让路的！"机智敏捷的歌德回答说："而我却恰恰相反。"说完闪身让路，让批评家过去。

幽默是最好的人际"润滑剂"，可以缓和气氛，点明主题却不唐突。善用幽默的孩子带给别人快乐，同时赢得快乐人生。

帮助孩子在生活中学会展现美和尊贵的部分，是孩子内心快乐的源泉之一。用幽默和智慧把信念展现出来的能力，是孩子素养的重要标志。好的礼仪，会带来好的人际关系与个人魅力。而良好礼仪的基础，是其背后的价值体系。

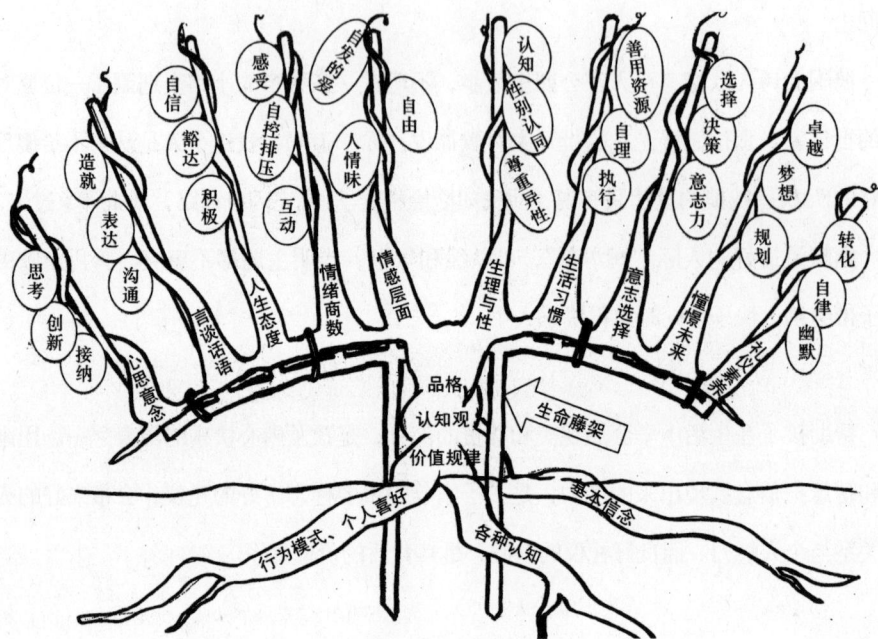

生命藤架上的果实

用什么撑起孩子的未来

Part 3

父母要预备家庭文化

引言　家庭文化：土壤、水分与阳光

联合国妈妈教育协会召开年会，会上的一个议题是：

我要把我的孩子培养成什么样的人？

就此题目，妈妈们展开了热情而激烈的讨论。中国妈妈和印度妈妈很快达成一致，她们坚定地认为：要竭尽所能，我们的孩子将来应该是一个成功（success）的人。以美国妈妈为代表的西方妈妈们，略带些激动地强调说，培养我们的孩子，重点是让他们快乐（happiness）！中东地区的妈妈们，则反复申明：我们要把孩子培养成为一个受人尊敬（honor）的人。妈妈们谁也说服不了谁。

当然，上面的联合国妈妈教育协会年会是想象出来，但其教育观的争论，正代表着不同文化的价值观差异。文化被定义为思想内涵和外在表现的综合，究其核心，还是价值观念。文化的差异，常来源于核心价值观的不同。核心价值观，是指一个或几个蕴含在文化中最为看重的价值观。成功、快乐、受尊重正是亚洲、欧美与中东地区文化各自的核心价值。因而，在不同文化背景熏陶下的孩子，也就有了不一样的生命成长经历。

有了这些不同的核心价值观，你就不会奇怪：一个考试得了A⁻的美国孩子回到家里，多半会得到妈妈的称赞，而得了同样分数的中国孩子，他的父母却不见得会满意，而是激励孩子找出没得A或A⁺的原因。

随着近年来亲子教育的研究，人们渐渐发现"家庭文化"这个对许多父母或许还是新名词的领域，对孩子所产生的不可忽视的影响。

儿童发展杂志《The Journal of Child Development》曾刊登了美国纽约罗彻斯特大学和印地安纳州罗特丹大学的研究报告，这两所大学做了3年的研究，追踪观察234个6岁儿童的家庭，发现父母与子女在家里的互动模式会直接影响孩子在学校的表现。

人们常说家庭是社会的组成细胞，那么文化就是家庭的血液。有人定义家庭文化是指维系家庭生存的生活方式，主要包括家庭价值观、家庭关系和家庭功能。有人认为家庭文化，是指家庭成员的知识、思想、价值、态度和行为方式等主观因素的总和。我们看看海文的故事，就可对家庭文化对孩子成长后的生活习性、倾向、爱好、记忆等的影响略知一二。

了解海文的朋友都知道，海文有两大爱好，第一是"吃好东西"，第二是"与朋友海聊"。无论多累，只要一提待会儿有东西等着吃，海文马上就眉开眼笑；虽然老板开会，她总是不敢开口，静坐到底，但一遇到几个朋友，就"呱呱"地开聊，甚至可以聊个通宵。

因为带男朋友回家"过关"，海文才对自己为何如此好吃有了些了解。因为男友见岳父的心得是，无论带未来的岳父大人去哪里玩，爬山，看演出，都不如吃到自己喜欢的东西能让他心情好。海文回忆，父亲这边家人的口头禅是"民以食为天"，所以每年相聚，大家都在谈论吃，妈妈常笑谈，爸爸家是吃完上顿，马上准备下顿。海文妈妈这边就不一样，她有六个姐妹，家人相聚就是七嘴八舌地聊家长里短，因为她们姐妹彼此感情很好。

家庭是孩子生长的环境，家庭文化是孩子生存的养分，就好像葡萄生长所需的土壤、水分、阳光一样，每个孩子如同海文一样，都受自己家庭特有的教育，都在潜移默化地被家庭文化影响，形成了孩子独有的生活习性、喜好标准，等等。

如果希望培养出幸福快乐、心灵强健的孩子，我们就必须来思考，这需要什么样的家庭文化？因为父母在意的，就会自然形成在孩子内心。家庭的教育观念、核心价值观等，是决定家庭文化内涵的元素，也是为孩子搭建的生命藤架的重要构成部分。因为正是父母的价值观和家庭文化氛围，塑造了孩子的性格，影响着他们的成长。

我们也不需要妄自菲薄，担心自己是否有好的价值体系，愿意"与孩子一同成长"是教育中最好的土壤和养分。这样的父母虚心好学，他们不是看到孩子的"成品"才开始学习，而是从一开始孕育生命就抱着学习和自我成长的心态，他们其实已经成功了一半。

家庭的教育观念

因着理念的不同，围绕着对家庭教育的认知，每个家庭就形成了自己的教育观。培育出好孩子的家庭教育观究竟包含了些什么？其实教育观的讨论多基于以下几个问题展开：父母对自己在教育中的角色是怎样认知的？教育的核心是什么？该怎样教育？什么才是教育中父母最需要注意的？

做有使命感的父母

生命的传承从孕育开始就产生了一个使命感。许多父母精心预备，受孕前的身体调养，受孕的时间，翻遍网页查询怀孕期间的注意事项等等，把孕育当成一项使命。但孩子出生并不意味着使命的结束，当孩子来到这个世上，作为父母，就必须把教育的使命坚持到底。

2010年10月16日晚9时许，李启铭醉酒驾驶轿车行驶至河北大学新校区生活区内，将两名女生陈某、张某撞伤。伤者陈某因抢救无效死亡。然而，肇事司机李启铭初期竟若无其事，还开车去接女友，并口出狂言："有本事你们告去，我爸爸是李刚！"

10月21日下午，交通肇事案犯罪嫌疑人李启铭的父亲接受央视独家采访，对儿子所为表示"很痛心、很内疚"，向受害人及家属表示诚恳道歉，并深深鞠躬。采访中李父多次哽咽，不能自已。

2011年1月26日该案在保定市望都县人民法院开庭审理，望都县检察院将以交通肇事罪提起公诉，李启铭当庭认罪，承认犯罪事实。2011年1月30日河北大学校园车祸案一审宣判，以交通肇事罪判处犯罪嫌疑人李启铭6年徒刑，赔偿死者46万，伤者9.1万元。

此例不能代表所有的父母。无论如何，这个案例就是在警示父母，我们的孩子了解事情都是有后果的吗？知道他们要为他们的行为负责任吗？他们今天在家里不听话，不尊敬父母，将来有一天进到社会，别人会买他们的"账"吗？

《三字经》中讲"养不教，父之过"，生养孩子却不加教育，这是父亲的过错。从这里看，如果父亲只是把教育的职责丢给母亲或学校，无论借口是工作忙，外出打工，或是什么，都是说不过去的。

孩子不仅是我们家的"骄儿"，他将来也会是一个"社会人""公司人"。放一个"小霸王"进入社会，或一个心灵脆弱、缺乏合作能力的人在公司里，对社会、对他人都将造成不必要的困扰。

父母若不担负树立价值观的责任，一定会有别人、别的环境在影响其价值观。我们不应把孩子放任自流，然后却盼望从他们能够健康地"自然成长"。教育孩子，使他们走正路，是父母双方都必须尽的责任。

人的生命可传递的部分，精华是其价值属性，或者说价值观的传递。

学生学习是累积价值，上班工作是创造价值，娱乐休闲是享受价值。如果一个人可以认识自身价值，重视价值并随时累积，使其价值"增值"，并处处在人际关系、工作、社会服务中发挥其价值，他一定是一个不容忽视的人。

如果我们让孩子知道，"考第一"只是学习过程中累积价值的一个"里程碑"，累积品格的价值、学识的价值才是他所要重视的，这个孩子会更有动力而不是压力，也会自然实现"成绩好"。将来他进入工作和社会，他也会自然了解"升迁""加薪"是里程碑，因而不会被社会上使他挫败的价值观所左右，他的幸福生活，就有了相当大程度的保证。

教育的实质是挖掘与肯定孩子已有的价值，树立价值观，帮助他实现自己累积价值，并进一步学会发挥价值，产生价值最大化。有使命感的父母会积极主动地圆满完成教育使命。伴随着父母在价值观各个方面对孩子在教育上的持续"播种"，帮助孩子树立正确的人生观、价值观，使命感也会自发地传承到孩子的身上。带有使命感的孩子，长大成人后，又会产生出新一代的生命，并完成其自己的教育使命，从而生生不息，命脉相传。

父母就是孩子最好的老师

托马斯·爱迪生（Thomas Edison，1847—1931）是举世闻名的电工学家和发明家，被誉为"世界发明大王"。他与其公司员工通过坚持不懈的努力，除了在电灯、电报、留声机、电影等方面的发明和贡献外，还拥有1093项发明专利。其中最大贡献是发明留声机和自动电报机，实验并改进了白炽灯和电话。

爱迪生八岁开始上学，仅仅读了三个月，就被老师斥为"低能儿"而撵出校门。因为他总会提出一些奇怪的问题，老师认为他是一个低能儿童。爱迪生的妈妈南希可不这样认为，她不伤心，不气馁，决定自己来教导爱迪生。

从这一刻起，爱迪生的一生就完全改变了。南希用自己的方法教导爱迪生知识，同时鼓励他读书和做实验。他之后回忆道："我的母亲是我成功的因素，她是很真诚的，我十分肯定；并且我感到我需要为某事生存，我不能使她失望。"

当这个老师眼中的"低能儿"，后来被称为"天才"时，他却谦逊地解释说："天才就是1%的灵感加上99%的汗水。"因为南希不光保留了爱迪生的好奇心，还教育他不放弃做实验，培养勤劳的品质并勇于创新。上天把爱迪生托付给了南希，作为母亲，南希支持爱迪生，用极大的爱和耐心把他塑造成一个伟大的人。

养儿育女是天大的荣幸

知名演讲家比尔·强生（Bill Johnson）说，从第一个孩子生下来，就有许多人一片好意提醒他俩，把孩子拉扯大有多么不容易。他们说，"现在小小很可爱，等他两岁你就知道辛苦啦"，所谓的"可怕两岁儿"。过了那个阶段，他们又说，"等到他上学，你们就知道了"，或是更为流行的说法，"等他们进入青春期，你就知道了"。但是他们夫妻俩早早就下了决心，不去管这些警告，头脑里只接受一种理念：养儿育女是天大的荣幸。

这位已有三个孩子的父亲始终把开始的决心坚持到底，现在他们的三个孩子不但成家，而且婚姻幸福，纷纷生儿育女，现在他们脑袋里雷达追踪的，已换成孙子孙女了。比尔的故事告诉我们，接受上天这一使命，可使别人看似无奈与辛苦的"差事"，变得享受而自豪。

可见，一开始就抱着正确的教育观念，明白这是上天托给父母的使命，预备好心态，是何等的重要。使命感可使令人望而生畏的过程，在智慧的指导下，成为一个父母感到快乐与满足的过程。

看重"关系"过于一切

亲密关系

人心里都渴望亲密关系。而孩子一生下来，和父母之间就有"血浓于水"的关系。大量的科学研究证明，从胎儿的成形期开始，婴儿就对父母有知觉，甚至能够感受到父母的喜怒哀乐，对父母及外界的话语有吸收。"血浓于水"，从这一刻就开始了。孩子与父母的关系，又称为"亲子关系"，教育的核心，就是尊重、重视并一生维护这个关系。

　　孩子对父母天生就存在着一种渴望。就像图中的小朋友，他心中有他的故事，但父母可能无法进入他的世界。说拒绝、严厉的话，会伤孩子的心，造成关系的"破裂"。特别是"你再不乖，我就走了""你再不……，我就不要你了"这等话，杀伤力极大。人的心灵是非常脆弱的，我们要学习保护孩子的幼小心灵。

　　名泉的母亲觉得儿子应该子承父业，做一个医生，希望他学医科。但是名泉却非常喜爱音乐，希望做个小提琴手，并自己偷偷报考了艺术学院。母亲知道后大发雷霆，不许他进家门。名泉和母亲的关系就这样越来越僵。

　　父母有时会太在意孩子有没有按自己的意思做，或者他的结婚对象是不是"我们"喜欢的。有控制欲的父母，甚至会以"断绝父子/母子关系"来要挟。这种父母和孩子的交战，其实没有赢家。

　　孩子不懂事，我们可能会被他们搞得很激动，他们因不成熟惹上了不必要的麻烦，造成了不该有的损失，我们纵然焦急、无助、有时怒火中烧，但是父母应当明

白，没有什么比维护亲子关系更重要的了。因为，关系一旦破裂，即便付出更多的代价挽回，也很难如最初那般无瑕。我们应当相信孩子们选择的能力，纵然他们一时选错了，也还有机会改正。

家庭所有的活动，包括一切的决定、谈话、家庭旅游计划等，都旨在培育更好的亲子关系。晚上或是假日休闲，要花心思设计一些孩子或全家一起的活动，是孩子觉得有趣的，也对他们有益处的，来取代看电视、玩网络游戏。这需要父母看重这件事，当做像工作一样必须做好的事，并为之投入足够的时间和精力。亲子关系被精心维护，这样的教育，也会影响孩子注重关系，有人情味，和他人有良好的互动关系。

当然，在意关系，不等于没有原则和智慧。这在下文会谈到。

亲子关系的土壤是"爱"和"信任"

《定意爱我们的孩子》一书中，作者丹尼·席利（Dan Silly）提到："我们做父母的，养育儿女的目标，多半在教他们顺从，听话。打从儿女呱呱坠地……我们给孩子看什么'好'、什么'不好'，然后教他们选择'好'。我们尽全力确保他们往'好'的方向发展，而要达到此目的最明显的手段，就是教他们照我们所说的做。"

丹尼认为，虽然顺从父母是很重要的信念，但要孩子听话，其实是次等的教育目标。父母和孩子的关系应该主要是在一个爱的和信任的关系里。《定意爱我们的孩子》一书中描述了丹尼的太太如何用话语和孩子培养这个爱和信任的关系。

多年前某一天，内人雪莉接到学校打来的电话，请她去接儿子立维回家。那段期间立维的状况起伏较大，因为已经二年级的他还不大会认字。遗憾的是，在学校要做的事就是认字写字，所以对他来说，每天要上学实在是件非常痛苦的事。放下电话，雪莉随即去学校接立维，当她走进校门，立维已经背着书包在那里等了。

雪莉心想："我说出的话不但带着我的感受，也要带出我内心深处对孩子的愿景，就是我希望他成为怎样的人。"

"很烦的一天?"她问。立维一边上车一边说:"讨厌的书包。"

雪莉到了商店门口,带着立维走进去,他无精打采地跟在后头。他们沿着货架走,雪莉走到一半突然转过身,说:"立维,我的儿子,我非常以你为荣。"他微微抬起头,不想看她。

转到下一排货架,她又停下来,指着他说:"立维,我的儿子,我非常以你为荣。"他依旧避开她的目光。又逛过几排货架,她再次对他说:"立维,我的儿子,我非常以你为荣。"他还是没有任何回应。

他们回到车上,朝邮局前进。在车上她伸手按在立维的胸口上,说:"立维,我的儿子,我以你为荣。"这次他终于抬头看她,眼神中有一丝相信。

到家后当立维提着一袋东西走进家门时,雪莉指着他,说:"立维,我的儿子……"这次他面带微笑,接下去说:"我非常以你为荣。"

直到今天,当我或雪莉说"立维,我的儿子",立维就会接着说:"我知道我知道,你们非常以我为荣。"

不管孩子碰到什么样的挫折,被什么样的环境打败,承担着什么样的重担,当他们看着你,能从你的眼中看到无条件的信任,这点非常重要。你的话语有力量,能"创造奇迹",但如果你是个动不动就生气、发起火起来就口无遮拦的父母,你的孩子可惨了。

多年前听到的一则故事,实在令人忧心。一个父亲对儿子说,你爬到树上跳下来,爸爸在下面接你。孩子兴奋地爬上后大胆跳下,父亲却躲开了。因为父亲的"好心"设计,是要给摔痛又茫然的儿子上人生重要的一课:"不要轻易相信任何人!"父母是孩子认识关系的第一纽带,信任感不会生根于这样的孩子心里的。

丹丹感到非常委屈。每次妈妈都和她讲："丹丹你要好好练琴，如果这礼拜你能坚持每天弹30分钟，妈妈就带你去公园玩。"可是，一个又一个礼拜过去了，妈妈不是加班，就是有朋友聚会，每次都说"下个礼拜一定去"。爸爸更是嘴上答"好"，却心不在焉。

丹丹的"公园梦"破了又破……"信任"这一本来"扎根"很浅的"种子"，没有"浇灌"、没有"氧份"，渐至枯死。大量的心理研究表明，缺乏信任感的孩子容易得心理疾病。他们的思想易极端，情绪易怒，心理容易封闭，无法与人正常交流。有发展到不相信一切的可能，但生活道德指数却多偏低。

无论孩子觉得自己多失败，或者使我们多没面子，我们仍要告诉他，我们永远都爱他，信任他。父母应当留意在生活的每一个细节播撒"爱"和"信任"的种子，把握一切机会培育、发展爱与信任的关系。

在"爱"的基础上"管教"

父母是栽种者，也是子女生命藤架的搭建者，更是生命藤架的维护者。维护者一方面需要照顾水分养分，另一方面要定期修剪扶正。在家庭教育观上，爱与管教是一体两面的，有爱也有管教。

爱是前提和基础

一个在爱和信任的关系里所孕育的家庭气氛是和谐的，孩子的成长是快乐的。**父母定义的爱孩子，就是做一个一生的决定，无论发生什么事，我们都选择爱。**因为爱的确是一个选择。爱就好像银行里的存款，存得越多，当你支取时就越自如。

有些父母很严格，常常训斥，多多挑剔。家长要认识到，以我们的成长经验和背景，什么时候看孩子，他们都是不成熟的。好像从高处往低处看一样，孩子随时都有可指正之处。然而就如银行取钱取到一个额度，不能再支取了一样，"爱的银行"被支取空了，孩子就烦了。而一个已经在被爱之中的孩子，有着深深信念——"不管我做好做错，不管我怎么样，父母都不离开我，都爱我"，他会知道自己的尊贵，所做的选择也相对有保障。

当然，我们讲的爱不是溺爱。2006年，儿童心理治疗师梅姬·玛门博士（Dr. Maggie Mamen）提出"被溺爱儿童症候群"（Pamper Child Syndrome）这个专有名词，并指出"被溺爱儿童症候群"的一些特征。

例如，孩子不能接受父母说"不"，总以吵闹、哭泣或乱发脾气来回应；不愿听从父母的忠告或引导；对于所得到的物质享受或他人的服务视为理所当然；与朋友相处时，期望别人都要让他，玩游戏也经常输不起；自己失败，却责怪父母。其他的，又如花钱本领很大，可是赚钱本事却没有；自私、不替他人着想；缺乏社交的技能；无法接受挫折、压力、失败、适应力差，等等。他们多认为应该享受大人的权利，却无法承担大人的责任。

朱利安·泰普林博士（Dr. Julian Taplin）曾说：**"智爱"与"溺爱"是绝对不同的，**因为父母的疼爱而使孩子失去独立自主、抗压、爱人的能力，绝对不是父母所期望的结果。在智慧里被爱的孩子，很容易感受、吸收到爱。

怎样表达爱?

"钱"不能完全代表爱，礼物也不能。"我给你买这个，用那个，省吃俭用，加班加点，还不爱你？"记得一次和一群高中毕业生畅聊与父母的关系，一位女生说："我对我爸的记忆，就是每年生日他会送我的礼物。"如果那位爸爸在场的话，一定会伤心到昏倒。但是不管你怎样辩解，孩子的逻辑就是这样。

爱一个人，要按他的喜好与逻辑而行动。孩子认为，你和他一起花的时间与你是

否爱他是成正比的。专家指出，重点是你和他在一起花"有质量"的时间。我的美国朋友金（Gene）有三个女儿，他的小女儿常常谈起父亲多么爱他，她的记忆是和父亲一起骑马，一起学开车，一起玩耍。而问及大女儿，回答却大相径庭。我很好奇，问金原因，他笑着说："我改进了呀！"

《爱的五种语言》主要讲到两性之间的关系，但是在亲子关系也同样适用，查普曼博士发现人们基本上有五种"爱的语言"（表达爱的方式）：肯定的言词、精心的时刻、接受礼物、服务的行动、身体的接触。父母如果多用肯定和接纳的言语，使用小礼物增进关系，多拥抱孩子，舍己服务他们，特别是全家有精心设计的节目、旅行、各种家庭时间，爱会成为一家的主旋律。

必须有管教

管教就好像为心爱的树苗修剪一样。为了果树更好地结果，必须要"疏果"、剪枝。那些不利于生命成长的，无法结出果子的枝子必须被剪掉，这样整个果树才更健康。

亲子关系里必须有管教。当"爱的银行"丰富起来，你会发现，当你对孩子某些不对的行为做出纠正、不对的信念进行调整时，孩子会更有"家的归属感"。

管教的目的不是单指责骂、体罚，而是用他们在意的"后果"，约束他们，使他们逐渐长出"自我约束力"，有责任感。

管教可以是指责，但是要留意对事不对人，常常找到可以肯定的部分，如动机等，让孩子知道自己这个人是被接纳的，但做的某些事或行为是不被允许的。

管教有时会产生短期的"对立"，这多体现为价值观的不能认同。

兵兵的妈妈说，无论是3岁时小兵兵乱踢妈妈，还是15岁时为不能和同学出去向自己咆哮，兵兵的父亲都会镇定地禁止儿子。从小朋友时期"不能这样对妈妈"，到青少年期"请你尊重我的妻子"，爸爸明显和兵兵表达了自己的立场（价值观），并不惜为此争取而产生对立，直到使他认识，并调整行为。

管教也可以是谈心。

大卫说，每次和儿子谈心，都先问儿子做那件事是怎样想的。有时社会上流行一些自己不认同的事，他也会和儿子聊天，儿子都会告诉他同学们是怎样想的，大卫也会把自己的想法借着机会告诉他，往往孩子最后都会采纳自己的。他分享秘诀是一定让孩子先说，否则你一和他谈，他就知道你好像要"教训"他什么，结果常是："你别想教训我。"

妮妮说，每次妈妈提到"今天晚上我要和你谈谈"，她就会觉得"好事来了"。这是母女之间互动的默契，每当这个时候，妮妮就会好好反省一下，预备和妈妈谈，多次的事实证明，这样谈话的结果是自己会有新的调整。很明显的是，她们母女之间信任的关系已经建立了。

雪莲的父亲死后，她一直在内疚与怀念的挣扎中生活，一方面爱父亲，另一方面，想到小时被他吊起来打，就委屈愤怒。长大后，雪莲一直和男性老板无法和睦相处，因为父亲的形象代表了权柄，她会很容易映射到任何一位男领导身上。

有人觉得**管教不是责骂和痛揍的话，那是什么呢？这其实把管教当成是使孩子就范的手段，使孩子听话的工具。**从下面张力的例子我们可以看出，管教要耐心找出原因，不明就里的责罚只能把孩子推远。

张力是管教所里出了名的"聪明"少年犯，15岁的他很有人缘。他的故事是从小偷小摸开始，因为好奇或羡慕别人的玩具。而每次老师的报告，都换来父母的"毒打"，渐渐地，他"越来越聪明"，很少让人发现，一旦发现了，为了避免被打，他都选择"快闪，离家"……

　　　　　　　　　　　　　　　用什么撑起孩子的未来

针对严重情况，父母也应有相应的严厉管教，比如"禁足"，取消其看重的娱乐（如喜欢的电视节目，玩网络游戏），还有的父母采用"罚款"，等等。事实上，管教的重点在于让孩子重视，而秘诀在于与孩子沟通清楚，做到有理有据。如果是相对成熟的孩子，甚至可以与其讨论放任的后果，让他自己选择"被管教"的措施。

当孩子渐大，父母发现已无力"喝止"其危险性或破坏性行为时，应以大局为重，借助专业人士或法律手段来进行管教。

一个孩子还小时，我们无法期待他能管好自己的行为。所以家长给孩子一些规矩，限制他、要求他，同时教导他，期待他的身心灵都能健全地成长，有一天能自动分辨是非，喜爱美好的事，而且有能力做出美好的事来。

管教不要随着父母自己的性子，要有一致性。不应全凭父母当时的感受动不动就拿出"管教的权杖"。管教也应灵活，根据具体情况，酌情处理。因为管教的目的不是使其就范或单使父母顺心，而应是使其认知责任，晓得有后果，积极地建造为人处世的正确的价值观念。

管教是爱

修剪后的果树长的更挺拔且多结果子，管教的动机是使孩子更认识爱。我们为孩子设立的"规则"一定要清晰，并且事先"讲读"清楚。也就是说，做到制度清晰。触犯了"规则"，若主动认错并改正，家长要降低或调整处罚。若没有认识到，就严格执行。

妈妈对小君说了很多次，在楼下踢球时要小心，离楼要远点，更不要在马路上踢球。若踢到别人家的窗户上，砸坏了别人的东西，我们要赔偿的，而且对你也会有相应的处罚。小君答应得好好的。前20分钟都离楼很远，20分钟以后就到马路上练脚了。

小君低着头真心地向妈妈道歉，如实汇报邻居的玻璃砸了。这个时候妈妈不应再

责备，而是态度温和地回应："谢谢你和妈妈道歉，妈妈不生你的气，下次要注意。另外，这件事的后果是：第一，妈妈会赔人家200元修窗户；第二，我们还要一起去向邻居道歉；第三，妈妈必须放下手中的家事，帮你去处理此事；第四，在马路上踢球非常危险，很容易被来往的汽车伤到……"根据孩子的承受能力和年龄，也可加上："你要用一个小时擦地板，因为妈妈损失了钱和做家事的时间；不许再到马路上踢球，否则没收足球……"

要让孩子明白，他犯错误并勇于承认，妈妈依然爱他；但是错误造成的损失，他也需要担当。这样不光他下次踢球时会小心，还学到了品格的功课。这样的管教是于其有益处的，也避免了孩子考量问题都是父母不生气就好，他需知道他做错了事，就算妈妈原谅他，他该负的责任还是要负的，后果还是要承担的。

很多家长，就是止于孩子认错了就好了，然后就把所有的责任自己都担起来。其实让孩子承担一些力所能及的后果，他会有更深刻的认识，也会成为一个负责任的人。当然，学会有担当是关键，不见得每次管教都有处罚，特别是没有造成明显损失时，父母要在智慧里把握尺度。

如果孩子不听话，他踢球砸了人家玻璃，回家后也不声不响，或者根本不在乎，父母怎么办？

首先，父母先整理一下自己，让自己的心先平静下来，因为充满怒气的管教，只会使孩子的心封闭起来。

其次，父母要问他该怎么办："妈妈已经和你讲了，现在邻居来告诉我你把人家的玻璃砸了，对这个事情，你觉得该怎么办？"如果孩子陈述不当或根本就"默然以对"，就要给他选择了："妈妈给你两个选择，第一，你自己去向人家道歉，如果你先告诉了妈妈这件事并且道歉，我可以陪你去的；第二，我替你去道歉，但你1个月不许玩球。"你让孩子自己选，他不选择学习面对，就选择不能玩球。

管教完后，一定要在一个合适的时机（不要隔太久），心平气和地再把管教的原因和过程，特别是孩子的反应，再讨论一遍，让孩子明白我们看重他，他所要改的部分是什么。

通常在这样的过程中，父母在心中要一直提醒自己"我是爱我的孩子的"，并智慧地点出那些孩子在管教过程中有配合的部分。这样做的好处是让孩子再次思考所学到的，弥补我们在过程中的不足之处（如脸色、话语），同时让孩子明白此事已经有了一个结束，我们又恢复了爱的关系。通常，这样接受管教的孩子，和父母会更有爱。

管教的时机

很多父母对管教的时机把握不好，例如，小君踢坏别人家玻璃的事情，如果不及时处理，他可能就会不记得，会耍赖，会说功课忙，就不去道歉。所以，第一，管教一定要及时。那通常要什么时候管呢？

飞飞非常高兴，一个人在客厅里大呼小叫。妈妈刚才跟爸爸拌过嘴，自己心情烦，就喝止飞飞："不要乱叫!"飞飞一头雾水，呆在那里。

当孩子快乐的时候，有时玩得似乎有点疯，只要他没有影响到别人，也不会伤到自己，就应该让他快乐，不要管他。如果他只顾自己快乐，踩到别人的脚，撞到别人，那要及时地制止，告诉他"妈妈最喜欢你快乐了，你快乐妈也开心，但是我们的快乐不能让别人不快乐"，教育他有"他觉"（感觉到别人的存在）的能力。

适时地管教，是在他任性的时候。当他在公众场合有不合宜的行为，或者跟他约定在先，但不遵守，例如不礼貌、有挑衅言语等，这种时刻父母一定要管。不要觉得平时都挺乖的，今天可能心情不好、没睡好觉、任性一下没有关系。其实不然，任性的时候父母要坚持，要管教。

管的时候不能有怒气和血气。如果我们发现自己已经气得不行了，就应先管理自己。告诫自己，如果在怒气里管，可能要收的烂摊子更大。不时提醒自己"不能破坏了这个关系""对话比对抗重要"，并积极思考如何应对。

电影《意外的人生》（Regarding Henry）讲到律师亨利被抢劫犯枪击前后的生活。枪击前，他事业成功，处处顺利，态度傲慢。当他在家中发现女儿不小心把果汁洒到钢琴上，就严厉管教说："你知道这个钢琴有多贵吗?""等你自己挣钱你就知道了。"晚上回到家，太太提醒他过于严厉，因为孩子不是故意的，鼓励他去给女儿道歉。他挣扎了一下，进到女儿的房间说："对不起女儿，我今天不应该跟你这么说话。"可是，马上他又转而"捍卫"父亲的尊严："但是你知道吗? 你也有不对的地方……"

首先这是一个啼笑皆非的道歉。再者，孩子在疏忽或在无知里犯的错误，不要急于管教，立即斥责，这是教育疏导的时机。枪击案后，爸爸亨利失忆了，可是女儿没有嫌他，反而教他识字、料理生活，用一个孩子单纯的爱得回了爸爸重新生活的信心。

第二，该不该管？田地里可能长出麦子，也可能长出稗子。当你无法24小时使孩子在你的呵护之下时，你必须相信，即使有人撒了不好的种子在他心里，你也不要急着去拔出它来。

例如，你发现一个坏朋友在影响着你的孩子。你若担心他受坏影响而过度涉入时，反倒可能会真的影响他的正常成长与学习，也在他的人际关系上带来困扰。孩子所特有的同伴归属感，会使他认为你说他的朋友，就好像是在说他不好一样。

一个审量的原则是：你若去拔出它来，去纠正他、禁止他，会不会反而将麦子也拔掉呢？这就是说他会不会因此更不听你的，或跟你起冲突，或是在心里打定主意，长大后就不再听你的了。若是有这种情形，那么你只要继续撒下温柔、慈爱、诚实等好的种子即可。或许在某个时候来到时，你发现那稗子已被拔除。当然也不是说你就全然放手，你还是需要为他小心看守着。

一位教授提到她小学二年级时，妈妈带她去买灯芯绒裤，让她自己挑，她一直决定不下，后来只剩鲜红与暗红二件考虑，她眼瞥向暗红时，妈妈耐不住建议她就买暗红的。她好不容易能自己选，就偏不照妈妈的意思，挑了鲜红的。之后很长时间她必须承受自己执拗的后果，她妈妈没有落井下石，只是默默地看着她受罪。

孩子还远不成熟，当然随时都有可指正之处。很多的时候我们都在讲，不许做这个，不能拿那个，这会使孩子产生畏惧感，自我挫败感，也容易患得患失，经常感到慌乱。这样的孩子处处见规矩，以至于其内心可能由于觉得常常无法达到要求或失望于他人的作为，变得非常痛苦，不光自我生活品质差，也影响周遭的人。

管教有管教的时机，有爱有管教，这个孩子才会全面发展。

得着孩子的心

老话说，"可怜天下父母心"。一对年逾花甲的夫妻说："我们非常挂念儿女，两个都四十多了，不过，哎，现在对他们的操心程度，其实仅比他们小时候少了一点点而已！"孩子的所作所为、一举一动都牵挂着父母的心，可是，孩子的心在哪里呢？

稳定的关系，都是心里有了一个彼此的认同。父母定义真正地去爱孩子，是一个心里的决定，是家长心里所认定的一个价值观。

价值观若生根于心，才会有力量。父母长篇大论地讲一篇道理，和留心把价值观播种在孩子心里是有区别的。道理可能会产生记忆，但是，心跟心的沟通才会产生震撼力，价值观成形于孩子的心里，渐渐体现在思想里、反应里、决定里，并在话语和行动中固定下来。

价值观若不生根于心，就会成为教条，成为说教。心是谦和的土壤，孩子容易选择正确的价值观。我们无法去改变一个人的行为，因为他有自己的决定权，但是我们总是可以适时地在心田上撒种，并期盼着收割。心田是大的，这个孩子可被培育和栽种的可能就是大的，心田是小的，可能连他自己都容不下。

父母要有清洁的心

一些调查显明，时下孩子很讨厌父母讲的一句话就是："因为我爱你，所以我才……"难道真的是"爱心"都被当成了"驴肝肺"吗？什么样的爱才会激起孩子心中的涟漪，产生共鸣呢？

爱是从清洁的心来的。什么是清洁的心？

第一，父母要摸摸自己的心："我想让孩子成为的，是孩子自身发展应该成为的，还是我想让他成为的？"

我曾劝一个朋友，她因为年轻时想成为乐器独奏员未果，每天逼女儿苦练乐器，而无论是我还是她女儿的老师，都觉得她女儿明显在绘画方面更有兴趣且显得有才华。家长应该明白，在专业和事业上的选择，让儿女做他们有热情的事，从而成为一个快乐的人，远比让他们成为我们希望他们成为的人更为重要。

第二，"我生了你，给你吃喝，把你养大，我要从你身上赚一些价值回来。"孩子长大回报家庭是应该的，但是孩子不是我们的"产品"，他的价值是他自己的。纵然有些父母不一定是为自己索取。

安心和庆恩的父母可不是这样子，当庆恩的父母去提亲时问："你们需要什么样的彩礼吗？"安心的父母说："我们不需要彩礼，我们的女儿找到这么好的先生，是她的福气也是我们的快乐，我们很高兴。"他们不觉得自己的女儿是筹码，他们相信女儿能够赢得自己的幸福。

有清洁的心的父母，他们的每一个行为都不是来施展"我是你妈妈"或"我是你爸爸"的权威，他们所想的都是怎么去挖掘孩子的潜能，培育孩子的价值。他们的每一次管教，也不是立足于自己的感觉、需要，而是怎样可以把孩子带得更好。

清洁的心就是把孩子成长的每一部分都化作对自己的祝福，不会觉得因孩子的成长而倍感劳累劳心。也不会把自己的孩子当作私有的产业，当别人指正孩子时，总是为孩子辩解，百般维护。有真爱的父母更多地把养育当做将来对社会、对家庭、对孩子本身交代的一个过程。

有清洁的心的父母还表现在无所畏惧，他们就是默默地行使保护孩子的工作。

在英国苏格兰的一个小村里，一天，突然飞来一只大鹰，把一婴儿叼起，飞上天空。全村惊动，村民都跟着追去，尝试着各种方法救回婴儿。不料大鹰将婴儿放在陡峭的山顶上后就飞走了。多数人看着陡峭的山顶都无可奈何。有一水手极力想爬上去，因为山势险峻，不得已只能放弃了。另一善于爬山的樵夫尝试后也徒劳而返。唯有一个妇人，不顾一切，向上直爬，至终爬到山顶，抱住婴儿慢慢爬下山来。

到了山下，村民们始知她是婴儿的母亲。

这些无私、奉献、虚心、公正和勇敢的爱心，常会唤醒孩子的心灵。

良心与信心

爱是从无亏的良心来的。一个真实的爱，是当发现自己对孩子说了急躁的话，或是对他处理有不公，感到了良心不安时，愿意诚实面对，可以向孩子道歉。有的妈妈，上完亲子教育的课，觉得过去对孩子太严格了，或太溺爱了，就勇于承认，开始调整和改变。良心的亏欠不是对自己过多地苛责，而是讲反思与行为上的改变。父母的诚心与改变会真实赢得孩子的尊敬。孩子会对父母更多地把心敞开，家庭气氛会更亲密和睦。

真实的爱是一个在完全的信任和盼望里面的爱。

子皓的妈妈常说的一句话是："儿子，妈妈很看好你。"小学五年级时，班上竞选班长，子皓被推荐为三名候选人之一，但他非常苦恼，思前想后，不知要否去竞选。回到家中，妈妈了解事情的缘由后，主动提出当他的参谋。母子俩一起分析，认识子皓的强项和弱项。最后鼓励他："妈妈相信你，你也要相信自己。"子皓经过这个过程后明白："不管我能否选上，我都是有强项的，就算我竞选失败，我的妈妈认可我，以后我还是可以努力的。"在妈妈信任的眼光里，子皓看到了爱，也愿意放下自己的顾虑，去做新的尝试。

妈妈的爱就是相信孩子可以成长，也愿意适当地把选择的权力放给他。让孩子感受到"父母永远相信我，信任我，我可以做好"是非常必要的。这样的爱让孩子有安全感和满足感，孩子自己心里就想学好，想做好，有自发的动力。

你的心，在乎什么？

晓彤始终无法相信父亲对他的爱。父母试图和他沟通过多次，他不是闭口不吭气，要么就闪烁其词。终于有一天，他和一个朋友的电话谈话，传到父亲的耳中。

"刚才，我又被叫去训话啦！"

（电话里）"哦，又是那个老问题？"

"对呀，反反复复告诉我，他们有多爱我，做这一切都是为了我好……"

（电话里）"其实你爸挺好的，我父母只忙着生意，他们都懒得和我说话！"

"是吗？我也不知道，不过我上次喝水摔坏了杯子，我爸瞪那么大的眼睛，实在让我觉得我还比不上个烂杯子！值当的吗？还有那次，我踢球摔倒，他们几次提起球衣花多少钱买的，都没问我摔伤了没有。其实那家伙真的撞我够狠的……我都觉得，我还不如那件球衣值钱！算了，说点别的吧……"

我们的心在乎什么，其实孩子都知道。他们不需要听"我都跟你说过多少遍了""这回你知道厉害了吧"这些"落井下石"的话，他们需要感受到你在乎的是他。

老刘最近和20岁儿子的关系"大为改观"。原来前几天他儿子把车撞了，但是当他知道后只说了一句"只要你没事就好"，这话说进了孩子的心里，打那之后，儿子和他以往那种"敌对"紧张的关系就消失了。当然，他还是要求儿子一段时间内不能开车，不过父子俩倒是因为常一起坐车，交谈的话题多了起来。

孩子的心是极其敏锐的，他们会从我们的只言片语、眼神动作中感觉到，我们到底在乎钱，在乎自己的面子，还是像我们口中说的那样在乎他。

肯定孩子的心

我这里要说的"教训"，是管教中较为正面的一种常用方法。

小刚自告奋勇要帮助家里做事。爸爸那天需早一点到单位，就把锁门的任务交给

了小刚。送走爸爸后，小刚信心满满。可是准备好书包后，小刚想到今天课后要和鹏鹏去踢球，越想越美，马虎的毛病又犯了，竟然忘记了要锁好门，把门一带就上学去了。结果小偷进来拿走了爸爸的电脑。

这个父亲是这样处理的：

•小刚，爸爸真的很生气，不仅是损失了钱，更让我心痛的是丢失了电脑里所存的文件，你知道吗？这个损失是无法弥补的，我很气啊！

告诉孩子我们的感受是必要的，要让他知道粗心的后果。一味斥骂毫无用处。

•爸爸虽然很气，但是，我还是要说你是一个想帮忙做事的孩子，你的心是好的。别的孩子都还贪玩，但你愿意帮爸爸。

先找到可赞美的点，如动机、心态，打开孩子的心，使教训可以被吸收。

•不过我也知道你是一个愿意进步的孩子，你从这件事学到什么呢？

让孩子自己思考，学会从对话中找到答案，从过程中反思每一个环节，找到可进步与提高的点。而非仅仅我惹父母生气了，我不乖。

用什么撑起孩子的未来

● 发生这件事，我也思考了一下，你要学习不马虎，人家交代的事，要认真。爸爸也想到，以后在门口处，贴一个纸条"请记得锁好门"，来帮助你。（然后抱抱他，再次叮咛）我们必须做可靠的人，要负起自己的责任。好了，我想你知道应该怎样做了，妈妈已做好饭了，我们去吃饭吧。

要让孩子认知到，我们想和他们一起解决问题，是对事、不对人。同时，今天的损失要换回孩子长远的优秀品格。

肯定孩子的心，要用温柔和坚定的话语。不要害怕面对孩子，对于已经处在"害怕状态"的孩子要和他先有些基本互动，如聊聊天，放松他的紧张情绪，然后再转入主题。

孩子在心的层面被肯定，才会感到被"接纳"。我们要相信孩子的本质是好的，要肯定他的用心。无论是"管教"还是"爱"，都要致力于得着孩子的心。得着孩子的心是教育观中最关键的一环。

家庭的核心价值观

家庭形态与结构组成其实是多种多样的，但不管是什么样的家庭，无论是独生子女家庭、单亲家庭、重组家庭、祖父母抚养家庭，抑或是另一种角度划分出来的混乱型家庭、冷漠型家庭、凝聚型家庭①，家人互动方式、家庭信念、父母角色等与家庭文化相关的因素对孩子的成长来说才是至关重要的。而剥去种种家庭形态的特色外衣，有两个核心价值观是多数培育出"心灵强健，幸福快乐"孩子的家庭所共通的。

智　慧

现代社会的复杂性似乎使教育越来越难，电视、电影、网络、广告的污染，各种问题充斥社会，世风日下；另一方面，"愚蒙蒙蔽孩童的心"，孩子好像天生就不好管，许多青少年对父母态度冷淡，吃穿用父母的却对父母很不屑；有些孩子好吃懒做，缺乏责任感与自制力，事事都让做父母的头痛！

纵使教育得相当不错的孩子，也是花样百出，一天一个样。若要"降服"这些"小精灵"们，父母要表现出相当程度的耐心和虚心，并加以反复思考，借鉴他人的经验，寻求智慧。身心疲惫的父母会发现，唯有"智慧"可以保守我们。

家庭文化的第一个核心价值观，就是"智慧"。有人说"智慧——就是在对的时

---

① 凝聚型家庭的特色包括：和谐、彼此配合、亲子互动有原则也有弹性、彼此包容、共同解决冲突。此型家庭的孩子表现为：有安全感、有自信、较能专心学习、容易结交朋友等。

　　　　　　　　　　　　　　　用什么撑起孩子的未来

候，做对的事情"。我最喜欢的一个定义是，**智慧就是在"当下"作一个有利于"将来"的决定。**

设立"界限"

小时候，父亲常常出差，母亲又要带学生"上山下乡"，家中只留下我和比我小五岁的弟弟。我那时八九岁的样子，不期然的，照顾弟弟就成为我的责任，我也因此成为别人口中的"好姐姐"。老师和家长们都夸我是个负责任的人，我也深以为荣。可是，每次新接任务时的那种"沉重感"，却不时地困扰着我，我身上似乎有"负"不完的责任。

长大了，我总喜欢照顾别人，喜欢邀一帮人一起旅游。记得一次几十个年轻人出游，我又发挥了"要把别人照顾好的"的习惯。我和几个年长的组成"出游领导小组"，分别负责饮食、打前站、住宿安排、交通等。到了目的地，我发现我根本无法专心游玩，一会儿食物到了吗，一会儿有没有人生病，要不然就是谁和谁吵架了……

我们当中的年轻人在旅途中展现了惊人的好胃口，晚上七点刚吃完定来的晚餐，十点又闹着要吃夜宵。终于夜宵进肚，畅谈完毕，本以为可以安睡了，结果半夜那几个吃饭时玩闹的又爬起来喊饿，我们只得"供应"。每当我的领导小组有不同的声音——"他们都大了，让他们自己弄吧"，我都会出面安抚："既然把他们带出来，照顾他们就是我们的责任。"营会结束，几乎每个人都尽兴而归，只有我们这几个老"领导"，除了心中那点良心告慰"他们被照顾得蛮好"之外，实在觉得出来旅游比待在家里还累。

许多年后，我开始明白什么叫"界限"，以及"界限"在每个人的生活中是多么的重要。

界限除了告诉我们必须对什么负责以外，也告诉我们什么是我们不需要负责的。

比如，我们不需要为别人负责。我们绝对不可以想要控制别人——虽然我们常常花费很多时间与精力希望能够如此。

有时候我们在"爱心"和"界限"之间徘徊，因为担心这样做是否显得自己没有爱心，担心别人会怎样看我们；但是，如果没有界限，或者总是允许别人"跨界"，又使自己筋疲力尽。例如，我不应该为那些青少年操心到忘了自己休闲的程度；同时，他们饿了，也可力所能及自己搞吃的；对于那些吃饭时间不好好吃，半夜喊饿的，我大可以说"不"。

父母要留意，对于年龄过小的孩子，不要一味强调"责任"，而使他们承受太大的压力。虽然很负责任，但分不清哪些是自己该负的，哪些是别人该负的。有些孩子因为被家里的经济压力压过了头，过于担心而无法完成正常学业。父母是想用赚钱的不易来激励他们好好学习，但应当告诉他们赚钱是父母的责任，孩子现在的责任是好好读书。

另一方面，像本章开头的李启铭，则代表了一批完全不知"责任"为何物的孩子。父母好像替他们做完了所有的任务，闯祸了，父母"负责"解决。他们的生命里，好像没有任何的"界限"。

我们应该教导幼儿，"如果你再乱丢玩具，就失掉玩具"；教导小朋友，"你需要在这条路到转弯处之间玩，滑过转弯处就没收你的滑轮"；教导青少年，"如果出发前不做好你的功课，完成好答应做的家务，全家旅游可以不带你一起"……

当然，孩子不会一下子就学会，他们会挑战你的界限，但是，只要你坚守界限，并配合以和蔼的态度、简短的话语，至终胜利会在你这边。

立界限不仅指对别人有界限，重点也在对自己的内心有界限。

菲菲很苦恼，有位同学当众骂了她，她伤心地哭了。可是到考试前，那个同学又找她帮忙答题，她好心地帮她做完作业。本以为两人关系可以好起来，可是放学后，那位同学又不等她就先走了。菲菲很想从此就不理她了，但是看见她，又想和她说话，因为"要和别人搞好关系嘛!"……

我们或许不知那位同学有何吸引力，但是要教菲菲保护好自己的心。一方面，要豁达不计较，但同时，要在心里对人有界限。这个界限的意思不是把自己封闭起来，从此不和人打交道，很多人在人际关系上受了伤，就把心关在"城堡"里了。界限的意思是有进有出，但是因为有界限，所以可以挡住伤害和不良的东西。

智慧地建立"界限"，重点是教导孩子为他们自己的事负责。真正负责任的孩子会明白"这是自己的责任"，他们会为自己的情绪、态度、话语、选择、行为、欲望、价值、爱情等负责，他们会意识到并说"这是我的问题"。

奶奶买完菜，从小摊给申申买了个发卡，申申可喜欢了。可是，没想到用了几次，发卡卡在头发里拔不下来，申申一用力揪了下来，但是头皮好痛啊！她冲着奶奶大喊:"都怪你!"

妈妈不仅应该责怪申申的不礼貌，还要让她明白自己该有的责任。怪别人已成为某些孩子的"习惯"。小到赖床迟到怪妈妈，大到找不着对象怪家人。孩子必须从怪别人的漩涡中走出来，成为一个负责任的人。

教育"团队"

有使命感的家长，一定要善于组织自己的教育"团队"。这个团队一同协同作用，一切都为着教育孩子。一般的家庭父母是"主帅"，单亲家庭可能是一方家长，失亲家庭可能是祖父母或养父母。

●管教的一致性

对孩子的管教要同心，父母预先要做好沟通，对彼此教育理念有充分的认识。父母可以各自扮演不同的角色，比方一严一慈，但要同心。定规好哪些事固定由父母哪一方来作决定。因为孩子都会找容易满足其需求的一方寻求答案，例如不满意父母的答复，再去找祖父母来得到更利于他的回答。不要在孩子面前批评他人的管教方式，也不要为管教孩子而争吵，亲情才是我们一生最重要的。

著名演员胡军在为父亲胡宝善（著名男中音歌唱家）和母亲王亦满（表演艺术家）举行的金婚家宴中，津津乐道父母五十年如一日的平和相处之道："他们太难得了，在我们三个孩子面前从来没红过脸。"母亲描述小时管教胡军，无论父亲的方式怎样，当着孩子面一句话都不说，回到房内，才和父亲表达："你打错了，不怪胡军，是那孩子……"父亲也会接受下来。这样的相处，使胡家的孩子都希望将来自己也有金婚纪念。

如果家里还有长辈，**长辈宠孩子或教育理念不同，给管教带来困扰怎么办？**

首先尽量夫妻达成一致，要界限清楚地申明：孩子让父母自己管。

其次，在表达了一定会尊重长辈意见的前提下，就想办法沟通，采用自己的长辈自己说的原则——由丈夫去跟公婆说，由妻子去对岳父母说。

再次，由他们可以听得进的人或故事说话。底线是不起冲突。

● 生命导师

一位母亲因担心女儿调皮，特意跑到老师那里，一方面想谢谢老师包容孩子的顽皮，另一方面，也想表达父母愿意管教孩子的心。没想到，见到老师，老师愉快地说："对呀，那就是娜娜呀！"老师的话，使这位母亲豁然开朗：每个孩子都有其特点，有些安静一些，有些好动一些，但那是每个孩子本来的特质呀！

另一位母亲告诉我："自己的孩子有时是需要别人教的。"这位母亲，从孩子上小学开始，就积极为孩子寻求好的生命导师，有的是孩子本身的老师，有的是工作上有教育经验的同事，有的是慈善机构的志愿者，甚至有的是心理辅导专家。

她很放手，也刻意让孩子多跟这些导师培育关系。看到孩子和别人很亲热，心中也没有嫉妒之情。因为她知道，很多自己无法施教的部分，孩子会很愿意听从这些生命导师的。

我们读到的传记中有太多的例子证明，正是因为孩子生命中的某位良师或智慧的导师，使得孩子没有走偏。或者偏行己路后，父母苦口婆心，孩子依然不愿回头，但他们在生命导师那里遇见智慧和亮光，从而使自己的生命"峰回路转"。

● 家人的合一

王颖和先生去年生了个可爱的小千金，孩子六个月大时，王颖回她从事的美容行业上班，先生的爸妈为他们照顾宝宝，一家五口和乐融融。一天下班后，王颖到家第一件事就是抱起孩子，她发现不对："哎呀，孩子的眼睛上怎么红肿了呢？"王颖迅速问公婆，老人家都说"不知道啊"。吃过晚饭，孩子全身都泛起了一粒粒的红包，王颖的心都碎了。

全家人都急起来，但不知怎么好。公公突然向王颖的先生发话："你看你，只忙着上班……"而且越说越不耐烦。王颖立刻柔声制止："爸，大家的心都很乱，咱们现在合一最重要，一起想办法吧！"经过不眠的一夜，孩子的红包开始退去。婆婆拉着王颖的手说："我到哪儿去找你这样的儿媳？我都快急死了。"

家人，特别是父母的合一，就好像为孩子支起了一把保护伞，即使有风雨，孩子会生病、出状况，只要父母合一，总会找到解决办法。往往是父母的分歧，家人的彼此不和、埋怨，使这把本该为孩子合力撑起的遮盖有了裂痕。

权利和自由

现在家长们都知道要给孩子自由，这个自由的给法其实是要有智慧的。父母要有计划、有智慧地放权给孩子，让孩子学会"享受自由"。

一开始，对于幼小的孩子，父母可以给出二选一的局，出发点是激发其主动性。以鼓励孩子吃饭为例。

- "齐齐，妈妈给你选，今晚吃饺子还是包子？"

孩子选了饺子，就不能耍赖，要按时吃饭。

- 孩子表示不愿吃："你要吃四个饺子，还是两个饺子、一个蛋？"

这种选择的秘诀是两个答案都是家长喜欢的。

在希望孩子改进的部分，在晓之以理后，我们也可以为其提供可选择的答案。

- "东东，你每次上楼都会踢到隔壁王奶奶的花，请问，你是要下次小心走路呢，还是每天帮王奶奶扫楼道？"

随着年龄的增加，父母可以开始吸收孩子进入"家庭会议"，讨论一些项目，例如灯罩选什么颜色的，重点是常问其意见。适当地分享，让孩子知道父母的辛苦，可以帮助建立亲密关系，但是留意不能把什么忧愁都和孩子讲，例如该不该换工作。孩子弱小的心灵无法承受太多。有时父母一直说工作压力，怕被解雇。过了一段时间，父母还有工作，孩子却已得忧郁症了。

我们更多和孩子讨论的，应该是有关他们的部分，特别是他们挣扎或困惑的部分，因为那正是可以把正确价值观灌输给他们的时机。

很多父母听到说自己有控制欲，都感到非常伤心，因为他们觉得实在都是为了孩子好，只是想告诉他们有益的罢了。其实，有一个方法可以验证我们的心是控制还是在指导，那就是**当我们给出意见而孩子没有接纳时，我们是否失望、生气或暴跳如雷。**

很多妈妈选择把"权利"紧紧控制在自己手里，控制的结果就是失去孩子，只要有可能，孩子都会选择躲得远远的，上大学都找最远的。或者只和你讲好听的，甚至是欺瞒的话。智慧的父母，要识大局，爱孩子就要永远拥有祝福的心。

品格力

品格决定命运

孩子的品格决定他的一生。柯维（Stephen Covey）在他的畅销书《高效能人士的7个习惯》（*The Seven Habits of Highly Effective People*）中说："你脑海里要先从结果开始。"——这是把事情做得很好的人所具有的特点，也是好父母的特色。当我们了解做父母的最重要的任务就是培养孩子美好的品格时，也就接近那个目标了。

建造孩子内在的品格，是建造一个合理价值体系中最为重要的部分。家庭生活中，爱和信任的关系、营造彼此尊重的家庭气氛、使孩子有责任、愿意成长等，都是在提到品格的因素。处理孩子现实中发生的每一个问题，都从长远为他们带来的益处考虑，这就是智慧。

例如，孩子不愿做功课，我们可以不管，也可以帮他们做，也可以陪他们一起做，但是塑造忍耐、有执行力、负责任却是长远对其有益处的。孩子成绩不好，可能有很多原因，家长不要怕给他太多压力，可能这个孩子要在"专心"的品格上被训练。孩子考试成绩很高，也需谨慎他的心态，另外还有动手能力的训练，免得等他长大了，才发现"眼高手低"，空有志向但无实践的能力。

好的果实源于好的土壤，在那些有着过度优越感的孩子心里，常常无法结出上好的果子。而在那些具备谦和、柔软、宽容的孩子心田中，建造速度是快的，价值观本身所具备的生命力会一直带着这样的孩子，向下扎根，向上结果。因而，培育孩童具有温和、柔顺、乐观、耐心等品格特质，就是在预备建造好的土壤，好使一个健康的生命架构迅速被建立。

品格的部分是基础，但要留意不要教条，而要有智慧。例如我们经常对孩子讲要诚实，但孩子可能不会把问题想得全面，有些诚实可能会带来尴尬、困惑甚至不必要的伤害，所以重点是要教孩子真诚、真实、寻真理。又比如我们说要勇敢，重点是勇于突破，而不是鲁莽或冒险，在一些危难场合，要学会先保护好自己。

家庭文化的另一个核心价值观就是品格力，把家庭建立在爱、信任、尊重、平安、团结、喜乐等根基上，营造爱和快乐轻松的家庭气氛，终极目标是培育一个有品格力的孩子。

身教胜于言传

榜样的力量是无穷的，正确的价值观需要首先表现在父母的言行举止甚至生活态度中。孩子天生就崇拜那些比他们更大、更有能力的人，他们会观察你如何对待配偶、对待邻居、对待工作，然后不管好坏，照单全收地模仿你。

把价值观说得头头是道，不如父母亲力亲为的一个表现。我们教导孩子做一个诚实的人，对他们向我们说谎严加管教，但是自己却常随己意；我们训练孩子规律生活，按时起居，但是对自己却有不同的标准；我们要求孩子"别人说话，不许插嘴"，但是却常常打断孩子对学校发生的事的凌乱描述……这样下来，怎么可能让孩子心服呢？

一只走失的狗来到一个品格老师的家，他的三个儿子很快就喜欢上这只尾巴上有三根白毛的狗。有一天报上刊了一则寻犬启示，特征是尾巴上有三根白毛。父亲带着儿子们很小心地拔掉那三根白毛。很快，这位品格老师醒悟了："我们保有了那只狗，我却失去了引导三个儿子的影响力。"他的儿子们不再信任他们的父亲所教导的品格，因为他没有实行自己所传讲的。

先做人后做事

做人，是指孩童的道德、品格与人格等要素在他的思想和话语及行为中的表现。做事，是指这个事该怎么办，怎样才能成功等。《左传》记载："太上有立德，其次有立功，其次有立言，传之久远，此之谓不朽。"意思是说：最上等的是确立高尚的品德，次一等的是做事做到建功立业，较次一等的是著书立说，如果这些都能够长久地流传下去，就是不朽了。此处所说的"立德"，便是指做个"对"的人，拥有好品格。

父母在教育孩子时，不仅应该教导孩子该怎样做（即只讲技巧），而且还要带出背后的品格点和核心价值。例如不叫别人外号，是出于尊重的美德；不拿别人东西，因为会造成别人的损失。要让孩子明白价值观的重要性胜过事情的对错，简单地讲，要教导孩子做人多于做事，踏实地按照内心价值观的选择，坦然活出自己的人格。

与孩子一起成长

儿女是父母的祝福，父母随着教育儿女，自己的行为、态度也变得更加成熟，有智慧。这个过程是一个"双赢"的过程。

"过滤"能力

晓蓉从小在山区长大，大人从来没有过问过她们姊妹四个的学习情况。她自己笑称是"放牛吃草型"。现在儿子诚诚的学校却每天给自己"布置功课"，不是给作业检查签字，就是一起完成一个项目。家长们还热心发动"自助队"，帮助督导孩子下学过马路。晓蓉觉得"有些累"……

晓梅每次从公婆家回来都"怒发冲冠"，不是训斥，就是看女儿敏敏哪儿都不顺眼。一次和女儿争吵，一句话震醒了她："妈，我怎么做，你也不会满意的，因为我不是娇娇，也不会是涛涛。"娇娇和涛涛是老公姐姐和弟弟的孩子。这时，和婆婆一家相处的一幕幕浮现出来。原来，家人坐在一起就会比较孩子，夸娇娇钢琴弹得好，涛涛如何会说话，讨人喜欢。大家都知道，婆婆喜欢孙子，偏偏自己生的是女儿。女儿敏敏有时又像男孩子，时常碰坏东西，婆婆开口就是："怎么女儿可以教成这样？"晓梅突然发现，自己的气不是从女儿来的，是从公婆的态度转化来的，孩子是无辜的。

毋庸置疑的是，晓蓉和晓梅都深爱着自己的孩子。但是现实生活告诉她们，不论是自己的习惯，还是纠结于家人之间的比较，都不能使教育进行得自如而快乐。面对问题才是解决之道。晓蓉的例子告诉我们，一切习惯都可调整，目标是教出好孩子。

晓梅的经验告诉我们，教育孩子要有"屏蔽"干扰的能力。孩子如果有问题，就要使他们改正；但是，对公婆的怒气不能转到孩子身上，孩子是无辜的；同时，敏敏也有她的长处可被夸奖的，而非简单比较。孩子越是觉得被比下去，父母就越要找到优点，再把孩子捧起来。

教育孩子是一个过程，家长要"过滤"掉自身陋习和家族干扰的影响。

教育的预备

好的开始是成功的一半，凡事有预备，结果就不一样。我们教导孩子上课前有预习，听课质量和学习效果就会不一样。大人开会、上班有好的准备，过程进行得会顺利。同样，教育孩子也需要预备。

父母应拿出自己求学求职的态度，来学习如何教育孩子。中国父母传统的教育理念多是看重孩子的知识教育——成绩好坏，再看其他的，最后才是父母自己接受亲子教育。但是好父母的顺序应该是父母自己先接受亲子教育，同时看重孩子心灵、身体等各方面的健康，其次才是孩子的知识教育。

接受挑战

价值观是孩子生命的命脉，其核心是品格和内里的修养，以及对人、事、物的各种信念。但是父母在教育孩童中，往往会发现。若把价值观运用于孩童生活及生命中，最大的挑战来源于价值观体系本身对父母的冲击。

当你发现孩子上学后，从前开口闭口是"爸爸妈妈"的心肝宝贝，现在常提到老师怎么说、同学怎么样时，容易有种失落感，也升起一些担心他学坏的念头来。这是家长学习开始放手的时机，孩子怎样需要学习担负责任，父母就怎样需要学习放手；

孩子在成长，家长也是。

换句话说，照搬照学，只能片面应付某类或某些情况。除非父母愿意安心调整自我的价值观，分析自我在每一个事件上的心态、动机。否则不能把具有生命力和品格力的价值观架构，带入孩子的生命中。

真实活出自我

以疏导孩童的压力、情绪为例，若是父母所固有的情绪发作且无法有效地克制，孩童幼嫩的心就根本无法胜任将来许多生活的压力。但是，这并不是说，父母应当首先成为圣人、贤人和完人。

父母应该放下自己的身份，当自己再次情绪发作的时候，和孩子讲述自己被惹怒的原因，并向他道歉，请他不要往心里去，但同时又告知他自己的建议，希望将来和孩子有更好的互动。这种坦诚的分享，往往令亲子互动更顺畅。

当自己心烦，或感觉无法回答的时候，不必要立刻回应孩子，要诚恳地告知他们："给父母留一点时间""我现在有点累，待会儿妈妈找你"。等调整自己到正面、稳定、愉悦的时候，再多多分享那些引导孩子正向的东西。

省察自己的教育观、价值观是否正确，且有生命力

摒除那些只迎合社会潮流的、"一切向钱看"的观念。孩童的心如同白纸一样，有些利己、浮夸、谩骂粗俗的话语，不宜表现在孩童面前。多讲那些公众都以为美的。

留意有生命力和智慧的价值观。当一些信念建造在孩子里面，使其更有上进心，更喜乐，说明是带给其生命的价值观。父母也要留意，理念或价值的传播，既要晓之以理，又要动之以情，学习常常加入感性的话。例如"你上次帮妈妈倒水，我的心好

快乐""你曾使妈妈那样放心你，因为你懂得照顾人，怎么今天会和小朋友吵架呢?"将感情带入到谈心中，会使孩子的心更加打开，产生共鸣。

你的称赞、体贴、同情会有帮助。提醒他们，当初他们是如何单纯，以往对父母是何等的好，如何全心爱父母。使用赞美的艺术，称赞的话可以使对方剑拔弩张的情绪得以舒缓。

自我鼓励——我可以

不要觉得自己不行，先从自我改起，我们不再说："我还在喝酒、抽烟，又没本事，还不能教育我的孩子。"真实的价值观使我们说："我还在喝酒、抽烟，但我会进步的，养儿育女是天大的荣幸，我要把他带好。"

认定是一个学习过程，与孩子一起成长

父母愿意把一些对的价值观实施在自己的工作、生活中，正是一个累积教育经验的过程。当孩童听不进去时，可以告诉他们，这些都是父母多年失败的经验所累积的。结合书籍，向其他家长学习，虚心向家长请教。

二次生养

教育儿女，有时好像经历了第二次生养，再遇生产之苦。这包括劝勉、警戒、鼓励，等等。当你遇见孩子犯错、教育失败、令人失望的事时，不要只是去对付这些错误，还要开始栽种美好的种子。

第二次生产包括：1) 撒下好种（以恩待人，一句好话、一个微笑）；2) 耐心教导，自己做出榜样，不要只是责备催促；3) 随时浇灌；4) 耐心等待着结出果实（即使它毫无动静）。

受生产之苦的目的，不是要他们更多做家事，不是要他们都乖了，也不是要他们

知道怎样说话等。这些都是重要的，但家长心中应有一个中心目标，就是要一个对的价值体系形成在他们里面，也就是他们能长成丰满的身量，准备好做各样善事。

如果你的孩子已经和你关系紧张，甚至看起来不可收拾，你也不必灰心。我相信你读到此书也不是偶然的。要从和孩子恢复亲密关系开始，先恢复沟通，不急着辩解自己。必要的话，可以找出以往关系中我们不对的地方，加以梳理，向孩子道歉。最后，不时地洒下爱和信任的种子，耐心等候它结出果实。

生命藤架的搭建与家庭文化的营造，守护葡萄从幼苗长成硕果累累的一片葡萄架。家庭的教育观念以及核心价值观，其实是父母自身价值体系中重要的组成部分。

用什么撑起孩子的未来

Part 4

孩子的成长教育规划

引言 生命规划与价值规律

兴旺村有一大户人家，兄弟五人侍奉父母，以务农为业。老两口去世之前，常常念叨的就是"不劳动者不得食""一分耕耘一分收获"。大旺和二旺牢牢记住父母的教训，头四个兄弟也先后成家。每年大旺都号召众弟兄做好准备。老二深深认同，老三、老四也学着哥哥们依葫芦画瓢，不过老四常觉得有些多余。他认为本来就是"靠天吃饭"嘛，干吗还要做计划？种子种下去，到时自然地里就会结出来。不过兄弟们还算齐心，旺家是远近闻名的富户。

这一年，老五也成家了，哥哥们分地给他要他自己立业自己耕种。当年，老大依然选种子，预备防虫害，注意天气变化；老二看到去年收割时人手不够，今年也早早计划雇短工解决问题；老三想，到时候用老大摸索的经验，用老二雇来的短工，不就

得了？老五很是发愁，今年不能在各家轮流吃了。突然，他灵光一闪，如果到每个哥哥的地里各拿一些，加起来，不也等于一个收成吗？新媳妇提醒说那叫"偷"，老五不以为然，他认为这是最好的解决办法。

那一年，兴旺村遇到旱灾和虫灾，老四颗粒无收，老三勉强维持，只收了一半。老大和老二因为有准备，依然有好的收成，不过旺家加起来的收成只有往年的一半。

老五在暗暗实施着他的计划，老二和老三看老五根本不用辛苦，到时依然在集市有地里出产出售，心中很是不平。老二决定也不种了，到时就拿其他兄弟的。老五在偷老三地里的时候，被老三撞见，兄弟俩因此反目。

第二年，老天依然没有"配合"四旺，那一年只有老大有收成，旺家要没落了。

"靠天吃饭"的老四和"不学无术"的老五，是该好好反省一下教训了，生命规律告诉我们，一分耕耘才有一分收获。老二和老三也应明白，不能被别人的价值观影响。老三不仅是"有样学样"，也要明白规律的本质内涵，免得像墙头草一样，随风飘来飘去。老二大可不必为"不劳而获"之人生气，毁掉父母所搭建的藤架。大旺接受了父母所灌输的价值观，并因此形成了自己的价值体系。真心希望他坚持，因为"勤劳积蓄的必见加增"，他还要影响兄弟们，争取来年让旺家再兴旺起来。

旺家的故事告诉我们，耕种是需要预备和维护的，同样，生命的成长也是需要规划的。教育的使命感一定会带出教育的规划性。教育孩子的质量也取决于父母认识到教育的规划性，并为孩子预备了什么样的成长规划。这个弱小的生命，如何借着一个全面而丰富的规划被建造起来？

生命规划

生命规划是指孩子从年幼长大至其可以独立生存的这一段期间，父母所应当实施的一个规划。它应该是一个系统的、全方位的、渐进式的规划，这个规划应该与落实价值观体系息息相关。

这个规划，可以与公众的普及教育计划（如学校）结合，也必须与社会的各种资讯相融合。父母的角色是融合这些资讯，使孩子学习掌握必备的知识，发挥其生命价值。学校侧重于书本知识和基本技能，父母要更注重孩子心灵健康和生长发育过程。

这一章，就是帮助有使命感的父母借着规划，使孩子结出藤架上一串串丰硕的果实，得着一个个扎实的生活技能。虽然孩子的个性和特质各有差异，但生命的本质属性决定了生命规划的某些通性。

生命成长所遵循的价值规律

苹果落地遵循万有引力定律，人际关系学研究表明，遵循人际互动规律的，易于形成良好的人际关系，违背规律的，使人际关系恶化。没有例外，生命的成长也在遵循着生命的规律。这些规律是放之四海而皆准的，在价值体系中，表现为高级价值观，它们在生活实际中孕育，"管理"着孩子的成长。

生命规律或价值规律，是指那些孩子从年幼无知到长大成熟期间，涉及的思想、品格、情商、智商、人际互动技巧、生存意识、礼仪等诸多方面，是生命成长适用的规律。如"你希望别人怎样待你，你也要怎样待人"的"公平律"，"怒气只能换回怒气""种什么就收什么"的"因果律"，还有"动机律""责任律"，等等。

生命教育的规划性，源于价值规律的生命力，一方面，不能学四旺和五旺，根本无视规划的存在，另一方面，也不能"拔苗助长"，以"鸡场培育肉鸡"的速成法来教育孩子。生命规划就是根据生命规律的存在和特质，父母在学习摸索中所设立的一个个规划，帮助孩子的成长，以期教育出心灵强健、幸福快乐的孩子。

以生命成长的"健康律"来说。我们不可能总是不按时作息却期盼有健康的身体，不注意根据天气变化加减衣服却盼望不生病。违反了生长规律，会影响孩子的健康。例如太早训练孩子行走（小于1岁），由于腰背部的骨骼、肌肉发育不完善，会影响下肢骨骼发育，甚至导致"O形腿"。同时，迫使孩子努力调整眼睛的屈光度和焦距，容易造成视疲劳损害，可能影响视力。训练孩子的生活能力，必须讲究"在合适的年龄做合适的事"。

又如，很多父母希望孩子可以掌握英文。学习语言要遵循语言的规律，首先是加强听力和表达，随后才是读写。父母要宽容和有耐心，不要随时纠正，能沟通就好。幼儿学习外语必须用游戏的方式，死记硬背只会增加其心理压力和叛逆心。

生命规律是有其价值属性的。例如孩子在幼儿园已学完小学课程，因而到小学产生厌学情绪，学习的价值就大打折扣了。那么，在养育过程中，有哪些规划是父母需要思考并实施的呢？本章对九个成长规划及其落实等做了探讨与分析，目的是建造心灵强健的孩子，表现为态度成熟乐观，行动有使命感，满有芬芳气息的品格力。

成长规划一：教育孩子走正路

孩子一出生，父母应有计划地逐步告知孩子生活中有善、有恶，有美、有丑，培育孩子成为一个善良、正直的人。第一个规划，父母所有的心思、力量，在帮助孩子建造思想、话语、行为，包括如何花钱等方方面面，规范他成为一个行为端正、将来做正经事业的人。

内心端正，做正当事业

旺家父母兢兢业业，他们身体力行，盼望教育出勤劳务农的人，大旺才是父母心中最大的安慰。社会上坑蒙拐骗、以次充好、损公肥私、贪污腐败等现象的出现，向家长敲响了警钟。父母要留意杜绝这些社会不良风气对孩子思想的扭曲。

发展这个规划，父母要小心地看管他们。最重要的就是看他的内心如何，他们羡慕的都是些什么。引导孩子不跟风，不做二旺和三旺，而要专心做正当行业，注重勤劳吃苦，希望将来有所作为。更非像四旺和五旺，好吃懒做，谋取私利。

走正路的意思，就是培育内心端正，愿意将来做正当事业的孩子。父母怎样把孩子一直带在正路上呢？首要的就是使其有荣誉感与羞耻感。

从羞耻感到荣誉感

龚自珍说："教以耻为先。"羞耻感是个体违背道德或感到无能时，一种自觉的指向自我的痛苦体验。心理学理论认为，羞耻感产生于"现实自我"和"理想自我"之间的差异带来的紧张和压力。任何人有了羞耻感，才能明辨是非，知道什么该做，什么不该做，它可以有力地遏制人的消极行为和不良道德发生。

羞耻感是与生俱来的，是"良心"工作的一部分。父母可以通过培养自尊心和责任心来"激活"羞耻感。

责任律是指承担行为产生的后果。有责任心的人无论在工作、学习还是人际交往中，对自己出现的责任过失都会感到内疚、痛苦、羞愧难当，因此会剖析自己，分析原因，承担责任，改正错误。

培养自尊心的重点是坚持正面教育，尊重孩子的人格。挖苦、斥责甚至体罚，只会使孩子的心灵受到创伤，泯灭其自尊心，从而导致羞耻感丧失。过强的羞耻感反而会导致产生偏激、病态的行为，如交往障碍、抑郁、怯懦、依赖、妒忌、报复、不愿沟通，严重的还会引发精神障碍。

值得注意的是，无论责任心还是自尊心，用羞耻感的角度一直激发孩子走正路是有局限性的。如果孩子的责任心仅仅来源于其羞耻感，可负责的程度是可想而知的，这样的责任心是被动的。健康荣誉感的培育，对责任心帮助会更大。

孩子有荣誉感，是指孩子明白什么是正当和光荣的，他有自我激励因素，自愿负责并达到目标。比如，我们想克服一个坏习惯，不如设立一个"好习惯"而改变得快。例如当我每天想着克服熬夜的习惯时，情况总是时好时坏，但是当我被一个健康的生活方式吸引时，我发现我更容易早睡。

当好习惯充满我们的心时，坏习惯自然就没有地方存留了。羞耻感和荣誉感的关系也是这样。对少数的孩子或初期的教育，我们要"激活"他们的"羞耻感"，但是如果我们更多用荣誉感去激励他们，孩子自然就会愿意被引导，走在正路上。

父母要留意不能因为孩子有自尊，"面子大"就不去更正。相反，要肯定其有"羞耻感"，愿意接受批评，并将之化为"改进的动力"，使其转化为荣誉感。**教育孩子的过程就是引导他们不断从羞耻感向荣誉感提升的过程。**

走正路的生命表现

1. 把小事情做好

务实的能力是从训练孩子看重小事情开始的。设立一个个小计划，帮助孩子把小事情做好，例如别人交代的一句话，帮邻居拿一封信，有没有听清楚爸爸的意思，每一天的功课，等等。

一位知名企业家说，小事情里面藏着"魔鬼"，这是他众多成功经验中重要的一条。意思是，要想发现问题，要从小处着手，踏踏实实。把基层工作做好了，才可能发展心中真正想做的。

责任律的根基是荣誉感，把做小事做好也有成就感的价值观落实，远远规避孩子好逸恶劳，不用一直指责孩子好高骛远，就是盯住所交代给他们的每一件小事情，把它做好，不厌其烦。不知不觉，孩子就走在正路上。

2. 看重好名声

旺家的大哥很有荣誉感，很为家族的美名考虑。四旺和五旺却不那么在意，四旺虽不偷不抢，却不竭尽全力，他无法荣耀自己和旺家。五旺更是没有羞耻感，以偷窃为聪明，没有道德界限。被三哥发现，不认错不感恩，还导致兄弟成仇。

种种社会现象告诉我们，没有责任心会把一个人送上"自我摧毁"的道路。内心在乎什么，常常是一个人道路的"分水岭"。在乎名誉，会约束我们的孩子努力勤劳，像大旺一样。只在乎金钱，可能会把他们带入欲望和不劳而获的境地，像五旺一样，后果不言自明。

"美名胜过金银"，不是说金银不重要，父母要教育孩子看重好名声，愿意在每一个方面都塑造自己有好名声，特别是品格方面，可以荣耀自己和家庭。

3. 有自我调整和接纳规范的能力

在教育孩子的过程中，父母要一直有计划地教育孩子可以调整自我和接纳规范的能力。父母要有"危机化转机"的能力，秘诀就是引导加建造。发现了情况，要有计划地把孩子引导回来。例如先接纳他们（的情绪），一起分析过程，肯定对的部分，指出需要改进的部分。

从幼儿园老师反映欺负其他小朋友，青少年期结交不良少年，到竟然不想回家，父母都不应该不问青红皂白就打骂，可能是因为被小女生的话语刺激到了，可能是喜欢他们够义气，可能就是想表现自己想掌控。一味地训斥或打骂，只会使孩子离我们越来越远，关键是引导。在这个危机化转机的过程中，父母要撒下的好种有"倾听""理解""宽广""接受"等，但所有这一切都在教导他们走正路。

成长规划二：按时分配 "粮食"

学习力的培养

牛牛不到两岁的时候，爸爸就教他背数字，三岁半的时候，他就可以认100个汉字了，牛牛成了街坊邻居眼中的 "小神童"。可是这个孩子大概到了十五六岁的时候，却怎么也不想学了，父母想告诉他点什么，他都 "口若悬河" 地讲他的道理；老师课堂上讲的，他说太简单了，可考试成绩次次不理想，问题出在哪里？

把无知的变成可教育的，把枯燥无趣的变成孩子感兴趣的，这个过程才是真正的教育，而不是反过来。这也是需要规划的。

把无知的幼儿变为可受教育的年轻人，指的是培养孩子面对知识上的缺乏，可主动寻找答案，并愿意聆听和询问长者，这是一种学习能力。牛牛在并不感到 "饿" 的时候被过早地 "喂了大量的饭菜"，破坏了 "胃口"。孩子没有了学习兴趣和求知的欲望，学起来只有痛苦。

孩子要被教导可以踏实地把当下的学习任务做好做完全，但学习是用来累积 "宝藏" 用的，成绩好坏只是一个检验的标准，重点是认识和掌握知识，练就运用知识的能力。留意孩子不要只会读书（即所谓的 "书呆子"），而实际上没有动手能力。

"分数论英雄"，会把人带入不看重过程，只看重结果的错误导向当中。一个只重视结果的人，在很大程度上其动机就是为了拿一个好成绩、好文凭，这个目的可能导致剽窃、抄袭、编造假数据等行为，将孩子带入更大的危机。

这个规划还包括**让孩子有一种"学习力"，把枯燥的变成有趣的，从烦琐当中可总结出规律来**，如写作业、做家务、长年锻炼身体，这些外人看来无趣的，如果孩子在生命成长中可以找到乐趣，有将熬炼变成有趣的能力，这样的孩子长大后几乎可以胜任任何工作，因为虽然辛苦，但孩子总能找得到乐趣。

"学习力"是指孩子吸收知识、总结经验的能力，可分为正向学习和反向学习。求知欲的培养要从小开始，孩子小的时候很好奇，标准化答案会限制孩子的思考，过早产生思维定式；一味地、过早地灌输知识会令孩子产生厌学心理。相反多带孩子看大自然，多发散思考为什么，可以帮助孩子视野开阔，对新鲜事物保持好奇感，也自然对书本新教的知识有兴趣，容易形成兴趣点。

求知意愿还表现在对未知的问题愿意花时间、精力去了解，有探究"为什么"的动力，这样的孩子你不用奇怪他喜欢尝试去解一道物理或数学难题。爱因斯坦小时候被看成是弱智，例如可以蹲在地上看母鸡下蛋看一整天，这明明是求知意愿强的表现；而他母亲虽很奇怪但还是相信他这么做必有原因，因此放任他去观察。而事实证明他非但不是白痴，还是个天才。

培养自省能力，从别人的失败中可以学习经验、教训而规避风险，也是一种重要的学习能力。所有这些能力都是帮助孩子可以从无知的幼儿成长为可教育的青年，保持旺盛的好奇和求知欲是需要培养的。

素养教育要从小开始

奶奶总是拿孙子没有办法，既不听话也没礼貌。妈妈却振振有词：小孩子有点个性怕什么，重点是要对妈妈自己好，对其他人凶一点没关系。十年后，妈妈的心都碎了，儿子对妈妈的种种态度使她深深懊悔。

用什么撑起孩子的未来

生命的"公平律"告诉我们，人的态度是内心健康的反映。一个人对别人的态度是怎样，对我们也会是怎样。妈妈不应把与奶奶的关系纠缠在子女教育里面。**培养孩子善良、真诚、尊重，标准要一致，因为品格就是对任何人、在任何情况下的素养，在明处和暗处都是一样的。**

与上述过早灌输知识不同的是，素养的教育却是越早越好。

当母亲发现儿子对婆婆无礼后，就要有计划地在"尊重"这点上，按需要分配"粮食"了。

母亲的做法可分三步。第一步，阻止他。每一次他无礼，母亲都要不厌其烦地阻止，过分的话就要管教。第二步，教育他。讲故事，问问题，例如："今天你给妈妈拿水来，妈妈不理你，你会怎样想?"第三，督导加鼓励。只要孩子有一点改变，就肯定，拥抱加奖励，直到孩子尊重婆婆成为习惯。

按时分配"粮食"，就是在孩子几岁就给几岁所需要的东西。例如，对于"失去就是得到"这个观点，孩子太小，可能根本听不懂。父母可在孩子年龄渐大，出了状况有损失之时，慢慢提出来，由浅入深。如果孩子可以借此明白虽有失败和失去，但因此得到了宝贵的经验，就会使他每一次有挫折时，都希望也"拿回"一些，终其一生都有帮助。素养教育是越早越好，但根据年龄，拿捏分寸，也应做到按时而教。

爱和信任是心灵的"粮食"

"怕鬼"是婷婷的弱点。小时候爸妈忙，常把她放在电视机前看动画片；大点儿以后，表姐带她看"鬼片"。动画片里的人物总是"藏在"她的房间里；影院里黑黑的，好像"埋伏着"很多鬼。婷婷只要一个人，就感到有双眼睛盯着她。问她哪儿有鬼，她说在柜子里、在门帘后，大家被她折腾得没有办法。

孩子的心都比较敏感，处理头脑里图像的能力偏弱，对于幻想和现实的分界有些模糊。家长不要轻易把孩子丢给没有营养的电视节目，或随意讲鬼故事，玩"杀人"游戏，以免吓到孩子弱小的心灵。

孩子的心灵需要爱的滋养，父母平常就要有计划、有目的地注入"信任"的种子在孩子的心田。每当孩子惧怕时，把关爱、陪伴与勇气等"粮食"分配下来。

无论是学习兴趣、素养的培育，还是心灵的滋润，上述三个例子都是在告诉我们，孩子的成长是有多方面需要的。

小宝贝只能吃奶水，慢慢开始加辅食，逐渐可以摄入果酱、米糊等，因为他们的身体发育不同阶段需要蛋白质、维生素等不同营养成分。父母在体格的健壮方面要按着年龄，为其提供够用的饮食和营养。同样，父母也要根据其心灵、生活习性、求知欲等素养，常做计划，按时为其提供够量的"粮食"。

成长规划三：忍耐中的调整

如同农夫播种盼望着收割一样，我们养育也期盼孩子的成长，但是你会发现，孩子似乎"长"得很慢。一位爸爸说，他最头疼的就是有些事和孩子说过了，但他总是记不得，"粗心"的问题一大堆，例如告诉孩子上课不要调皮捣蛋，也多次管教了，但是总没有长进。

耐心等着结出果实

父母养育的质量，比的不是家境，拼的也不是教训的话多，而是耐心。

某位知名演说家提到，她的儿子勉强读完高中，他们夫妇不知花了多少时间在他身上。怕他小学毕业不了，上了中学又担心他辍学。直到他高中毕业了，全家为儿子

开了一个庆祝会。20年后的今天，他的儿子是一个公司的成功总裁。他们夫妇也非常担心小女儿，小时候她的房间乱到没人愿意进去，可是30年后的今天，她每次出门讲演，都是这位女儿帮她整理行李。

父母心里有说不完的担心，但是农夫却并不因为看不在发芽就担心，他知道种子就在下边，他也做好了相应的耕种计划。时候到了，自然就会有收成。

逐年调整规划

成长都有一定的过程，孩子最初什么都不能做，逐渐能自理一些事，后来在长辈监督下作出判断与决定，最后要更完全独立，有自己要负责任的家庭、事业等。父母必须不时退后几步，用宏观角度来看你如何对待孩子；不要一直只盯着孩子上学、做功课、玩耍、生活等细节，而迷失其间。

父母如有更高角度的思考，就会留意到要逐年调整对待孩童的尺度，因为他的身量、心智能力，都一直在增长着。总有一天他要完全脱离你的掌控，独立生活，就像你现在也是早已脱离你父母的掌控，独立生活一般。

生命规划意味着父母在孩子成长不同年龄阶段，要调整教育方法，不能生搬硬套，也不能一成不变。随着年龄的增加，孩子的心智、理解力、情感，甚至生理，都会有明显的不一样。注重这些不一样，会把教育的节奏把握得更好。

认清自己的角色

孩子小的时候，父母是引导者。年纪渐大，父母是其生命的参与者。青春期的孩子，父母的角色是旁观者与督导者。把自己的角色在孩子的年龄中摆对，是重要的原则，也使父母可以真正完成自己的责任。

0~3岁，孩子对父母有极强的依附关系，父母要百般爱护，对孩子的需要极度敏

感。父母为孩子花的时间多，爱就越厚实，孩子被爱的气氛越浓，吸收爱的能力会越好。在这一阶段受到无微不至的爱和照顾的孩子，长大之后，无论从安全感、爱情观、婚姻观都可体现出来。在这个阶段，家长是爱和关爱的给予者。

3~7岁的孩子，需要父母严密的指导和监督。要密切注意他们的心态是否乐观，是否积极正面。让他认知到父母的爱，让他感受到自己的尊严。同时，助他了解他人，喜欢改变。这个年龄的孩子，思想中有很多的幻想。要留意他们所看的电影、录像，避免超过其承受能力的，特别是色情、暴力、血腥的内容；此外要约束他看电视的时间，带领他做健康游戏。在这个年龄，家长要做严密的督导者。

孩童过了8岁或10岁之后，明显要强调自我的掌控力，希望对事情有决定权。这些是他们与父母可能产生冲突的原因，也是青春期的前兆。因此，双方更多的讨论是非常必要的。就每一件事，引导孩子说出心中的想法，讲出事实，理清感觉与事实的关系。由于开始接触社会，这一年龄段品格和价值观的建造，就显得格外关键和重要。他们会扭曲一些事实，逃避一些责任。这段时间，要晓之以理，动之以情，坚定地扶正每一个要长歪或是乱爬的枝杈，把它们都捋顺在生命藤架上。

孩子十四五岁之后，出于青春期的影响，他们非常希望脱离父母。一方面，父母要坚定地表现出具有强力介入的准备，但同时，要留给孩子空间发展发挥，长成其自我的价值体系。

越小的时候，越容易建立好的价值体系。把这些原则用在教育孩童中，会使价值观开始逐渐形成，使葡萄藤不讨厌葡萄架，反而努力地附着上去，苗壮成长，并引以为豪地结出果实。

放手的智慧

你不能在孩子长大过程中，一直都用最完美的关切来照顾他、带领他、要求他，

然后希望他一成年立刻学会独立自主。你必须一路训练他。你也不应该不放心或舍不得他经历失败或挫折，而一路呵护着，到他成年了还不愿放手，一直管到他的婚姻家庭，甚至到他中年了还在你的辖管之下。

当然你也不该太快放手，将孩子交给电视、网络、手机、快餐店……你必须陪伴他长大，却又从凡事经手，扶持他，辅导他，最后像朋友一样陪伴他。

有份调查了5000位成年人的研究，关于他们在青少年期的想法，结果显示：他们最在意的，第一是父母不尊重他们，第二是父母使他们忿怒；对父母最反感的事，排名第三与第四的是：太苛求或太过于保护，太严格或太放任。

所以，要逐渐放手给孩子一些自由与责任，逐年调整。

观察，并从孩子学习

心态上的调整，除了放手的智慧外，还有所有关乎教育观的调整。这样的调整，也会引发父母对教育目标的重新思考，当然也会重新审视计划的实用性。

为调整而作计划，你最多只需花一部分心力来教导、带领孩子。观察、研究一个人在各个成长阶段中的想法、感受、喜好、如何学习等，是非常有意思的事。

观察的目的是为了调整，而调整需要作计划。有时父母从孩子学到的，例如表达的方式，互动的小技巧，当把这些融入下一步的计划时，会大受孩子的欢迎。

方式的调整

除了心态、计划内容的调整外，处理方式也要随时调整。

娜娜的记性很差，总是丢三落四。不是上课的书本忘带，就是妈妈嘱咐的事答应好了，到时却完全想不起来。老师请她上课不要乱讲话，批评并反馈给家长，娜娜态度很好，表示愿意改正，但很快就又忘得一干二净。

妈妈试过"管教"——打小手，娜娜自己也把事项写在手上，老师叫同桌慧慧提

醒她，只要上课一说话，慧慧就打手势，仍不停止，就掐一下娜娜的大腿。这些方法都有效过一段时间，但"失忆"仍时有发生。经过反复观察，妈妈找到了"最佳办法"。

妈妈通过观察发现，娜娜是个"小财迷"，她总可以把长辈给的零花钱保管得好好的。经过和娜娜讨论，最后得出的这个"最佳办法"就是：每天给娜娜10元（10个1元硬币）记性好"奖励"，但若娜娜忘记一次，就要从中拿走1元；若一次都没有，娜娜就可以保有她的奖励。并且把这奖励放在娜娜口袋里，以时时提醒她。从此，每天娜娜都把书包整理得好好的，不用叮嘱，她总是把妈妈和老师的要求听得清清楚楚。

看来办法总是会有的。重点是要因人而异，找出最为有效的。方式的调整还包括随着年龄调整说话的方式。小时候，孩子爱和我们近乎，就多培养亲密感。到了青少年，我们看到不好的，可以明确告知，但一次就够了。不要因为他还没做到，就当作他还没听到，唠叨其实不需要，你讲一遍他们就都知道了，但我们需要给他们时间来思考，来决定，至终能付诸行动。即使他作的决定让父母很担心或不以为然，但我们最好闭口，免得催使他更走向另一边。

调整的时机也很重要，要及时。如果妈妈说孩子小，大一点就好了。等大一点，这些都成为习惯了，孩子的同学、同事、朋友可就辛苦了，孩子自己也会苦恼。

案例讨论

以娜娜的事为例，我们看看妈妈是怎样做计划的：

（1）看到"失忆"问题，设立目标：克服"失忆"，养成主动的习惯。

（2）观察结果：惩罚方式不灵，娜娜很在意"自己的钱"。

（3）做计划：和娜娜讨论，商量出"最佳办法"。对于妈妈提出的"罚款"办法——只要娜娜忘记，就罚款，娜娜会担心害怕，因而被排除。

做计划就是这样，父母根据所看到或听到孩子的问题，借着观察和思考，逐年甚至随时调整自己的教育心态、目标、方式，借着沟通得到"教育团队"的支持，制订或一起协商出一个计划来，帮助孩子生命成长。

成长规划四：爱与智慧的选择

一个孩子觉得零食比饭菜好，玩游戏机比做功课好，那是自然的事，因为人性中带着令人无奈的"下沉"规律。因此，家长们也不用奇怪。若没有教育的话，孩子在节俭与享乐、自律与放纵、付出与得到、谦虚与炫耀中选择后者，是很正常的。无可否认，生活的经验告诉我们，这个生命规律带来的是短暂的快乐，相伴随的还有放纵、荒废、消沉甚至衰亡。

然而，人还有一个"昂扬"的生命斗志，这个斗志使人易有成就感，带给人盼望，激发人上进、努力、全面思考、约束自己、善用时间等。生命中"昂扬"的斗志，好比葡萄藤中流动的汁液，是有生命力的，促使葡萄抽叶、长大、开花、结出果实。

孩子一生的幸福，在于他们自己的选择。前面我们已陆续提到孩子选择与决策能力培养的问题。我们无法时时跟着他们，价值体系决定了孩子的选择体系。有计划地培养选择机制，是父母的智慧。

选择爱是保证

父母常常纠结于孩子选的都是"没营养的"，而孩子也常常评价，"妈妈选的，一定是没意思的、不好看的电影"。到底怎样教导孩子选择呢？

有一个原则，就是教导孩子选择"爱"。如果每一次，我们都引到孩子从爱的考量里面去选，其实孩子是可以自发选择好的。例如爱的意念，省察自己做这事是否有爱的动机，所做的安排里是否有爱的要素，话语里是否带着爱的温柔等。爱是最大的保障，把握了爱，就把握了方向。

智慧为首

　　所有选择能力，除了从爱来入手培养外，也要注意以智慧为首。总是要激发孩子思考，并在安静中思考，才可以作决定，这就是一种智慧。另外，多选择人物故事，把他们的智慧圈点出来，刻意地让孩子知道事事都有智慧可用，使孩子羡慕拥有智慧，并思考何为智慧。

　　智慧为首，帮助孩子思考的角度可以多一些，智慧的光会帮助他们。智慧与爱相辅相成，帮助孩子选择昂扬的生命斗志。

　　12岁的芳芳拿着东东给的电影票一直犯愁：去吧，这是在"约会"吗？不去吧，可能以后朋友就做不成了，怎么办呢？这时妈妈走过来，看到电影票，急切地问："这票是哪来的？"正在心烦的芳芳气得把房门关起来。被妈妈烦不过说出来之后，妈妈厉声叫她"不许去！"，但芳芳还是去了。

　　妈妈迅速和爸爸"沟通"了此事，爸爸回应说："我们要相信自己的女儿。"芳芳回家后，妈妈先是就自己的态度道了歉，然后耐下心和她分析利弊，但芳芳并不太想和妈妈说什么。而几天后，东东告诉全班同学，芳芳是自己的"女朋友"，两人一起"看了电影"。芳芳感觉非常羞愧，哭着回了家。

　　父母和孩子之间培养信任的关系很有帮助，孩子越是相信父母，就越容易选择大人认为对他们有益处的。芳芳觉得妈妈不信任自己，结果就偏不选父母认为好的。现在芳芳选了自己的，结果令她很后悔。而这个时候，又是家长可以把握的教育机会，不要再批评孩子："早就叫你不要去！"这一类的话毫无益处；如果家长可以表现关爱理解，视情况与孩子商量办法，亲子之间的信任会更加厚实，今后孩子也更易和家长商量选择有益处的。

除了留意与孩子互动中的信任以及把握机会教育外，父母还要多多分享自己的经验。父母应该有信心，借着爱和智慧，我们的孩子是可以选择生命昂扬向上的。

成长规划五：在预备中成熟

东东把同学毛毛打了，爸爸很生气，就问东东："为什么要打人？"东东满不在乎地说"他欠揍"。爸爸又问："知道你打人家的孩子，别人家大人会怎么想吗？"东东回答："大人的想法我若知道了，我不就是大人了吗？"爸爸无语。

大人的想法常和孩子的不一致，重点是考量点不一样。爸爸可以猜中孩子的心态，但是孩子永远不会明了父亲的心。这正应了"养儿方知父母心"。让孩子理解父母的观念需要耐心和智慧。当孩子不听话时，父母要明白，他们很可能听不懂。所以，为成长做预备就显得至关重要。

大人其实和孩子一样，我们也通常不会思考不关我们的事。我们尤其不习惯思考未来的事，因为我们常常认为未来是属于未知世界的。但生命的成长是有阶段性的，虽然个体生命的成熟看起来是一体的，若细分是由多个更小的阶段组成。也就是说，我们是可以根据生命成长的规律，还有家长自己的生命轨迹，来"预知"一部分孩子的未来，为下一个阶段做一些准备。

不断准备下一个阶段

把孩子带大，就是一个不断准备下一个阶段的过程。训练孩子上厕所，是为了他幼儿园阶段的生活独立。幼儿园的集体生活不但使孩子有一个快乐的园地，同时也在为他们上小学做准备。孩子进入青春期了，要指导他们一些与异性交往时需注意的。我们在养育的分分秒秒，都是为他们一天天长大成熟做各种准备。

我很喜欢给初中毕业的孩子准备一个毕业庆典。在活动中，孩子们会欢乐地宣布毕业了，大大庆祝一番；但最后，我们会有一个"预备高中生活的座谈"，请一些正在念高中的同学来现身说法，帮助孩子准备适应高中生活。同样，孩子高中毕业了，我们也会有一个毕业旅游，使高中毕业有个阶段性的了结，准备开始大学四年的生活。

多年后，很多孩子回来告诉我们，他们依然记得毕业旅游的每一个细节，更重要的是，他们都感念那次旅游对他们的意义。一个孩子说，没有这样的准备，他简直不知道高中会怎样过。另一个大学生分享，他从此知道他人生的每一个阶段都要做准备，都可以规划了。

孩子的每一个人生阶段都很重要，幼儿园、小学、初中、高中、大学、工作。父母如果知道计划着为孩子准备每一个阶段，这样的人生是丰富且有节奏的。

心理的准备

做准备自然是重要的，但是父母要做哪些准备呢？

宝宝要上小学了，妈妈训练宝宝按时上厕所，父亲为他买了书包和文具，奶奶爷爷逢人便讲孙子要上学了。宝宝等了两个月，终于等到开学了。头一个月，宝宝每天兴奋地回来报告学校发生的事，可一个月过后，宝宝竟然开始"厌学了"，他不想再去了……

心理的准备是最重要的。那些以为准备了学费以及相关文具就够了的家长，很快就像宝宝的父母一样，发现孩子的心为什么和自己想得不一致呢？他们难道就不能理解父母为他们实现进好学校所付出的辛苦吗？他们怎么就这么"不争气"呢？

其实，孩子对未来也是感到陌生与害怕的。比起物质准备和相应的训练，父母要

使孩子实现心理上的准备，这是更为重要的。

心理的准备就是告诉孩子：上学会是一个探险，有刺激的部分，也有挑战的部分。刺激的部分是你长大了，可以学习知识了，会找到很多"宝藏"，也会有更多朋友了，等等；但另一方面，上学了每节课会有45分钟，要每天开始写功课了。并用正面的话语激励："我们的宝宝一定是个好学生。"

又例如，不是为了哄孩子打针就骗他"不疼"，以致下一次孩子更怕打针。而是告诉他会有些疼，但打完针就不会生病或者病就会好起来。我们不光要告诉他们好处，也要陈明会面临的挑战。你会发现，有心理准备的孩子容易战胜困境和挑战。

凡事都要预备

妈妈拿了几本课外读物给儿子小彤，小彤翻了翻，告诉妈妈"您放那边吧"。三个礼拜后，妈妈发现，几本书原封不动仍然放在那里。四个月后，妈妈有些不耐烦了："你再不看，这些图书就要到期了，必须要还给图书馆了。"儿子依然没有反应。

用什么撑起孩子的未来

相信这位妈妈会不理解：为什么自己一片苦心，坐了很久的车才借来的好书，儿子一点都不想看？其实，不是孩子一定要"悖逆"她的"旨意"，主动权还是在妈妈手里。只是这位妈妈本应提前预备，在想让孩子多阅读之前，就借什么、借几本等与孩子商量。"听话"的孩子是培养出来的，而不是自动长成的。任何一个我们希望孩子接受、学习或是与朋友互动需要成长的，都在乎我们作规划，预备他们那样做。

成长规划六：心灵的成熟度

一个七岁的孩子，可能和另一个十岁的孩子的成熟度是相近的，年龄不一定与成熟度或心智的开发程度相当。生命规划的一个重要组成部分，除了年龄和体格的增加外，父母的教育一定要看到孩子的心灵成熟，特别是对自己的接受程度和对外界感受的调整和适应能力。

孩子生命架构的长成

孩子幼小的时候，他的生命力是附着在父母身上的，就好像他的嫩枝攀在父母搭建的生命藤架上一样，父母的价值观就是他们的价值观。因而父母说什么，他都会听，父母做什么，他也会怎么做。俗话说"有样学样"。到了一定年龄后，他会希望有别于父母，或是自发地与父母做不一样的，还有些孩子甚至是故意和父母对着干，这是为什么呢？

因为随着时间的推移，孩子各个方面都在成长，渐渐他的嫩枝开始粗壮起来，他也要形成自己的生命架构，所以也有向左向右扩张的需要。原本固定和帮助其生长的藤架，这时显得有些像"束缚"了。因为葡萄本身的架构强壮起来，产生了自己初步的价值力量。

时时维护孩子良好的自我形象

一个孩子对自我的看法，往往会决定他对他人、社会甚至整个时代的看法。灰暗的自我形象，会导致阴暗的世界观、价值观。鲜明的自我形象，会使孩童非常专注甚至勇于探索，把希望建造在真实可行的基础上。

第一，平时要多多积累。从孩子一出生开始，父母就把被接纳、被关爱、愿意突破的良好自我形象，阐述在孩童心里，"你是妈妈的宝贝，妈妈永远爱你"。

常表达爱与关心。例如，"今天在学校过得好吗?""高兴吗?""有什么事烦到宝贝啦?"让孩子知道自己是被关注的。

家长还可注意在别人面前多肯定自己的孩子，特别是有关品格的部分。

第二，多给予正面的支持，孩子做了一些选择，只要没有原则问题，把"不管你有什么缺点，爸妈都完全地接纳你"，还有"爸妈永远支持你，因为你会做正确的选择"挂在嘴边。让孩子遇到事情，形成一个自然的反应机制，对家长无法说出口的难处、痛苦会大大地降低。免得孩童已出了很多状况，父母还茫然不觉。

第三，在孩童已出现状况或产生失误后，表达对孩童真实的关爱。例如，孩子不

小心摔了鱼缸。第一反应可能是"怎么这么不小心？那个鱼缸我好喜欢的"，但是马上开口要说出的话却是："不怕，妈妈在""宝贝，手有没有扎到？"等孩子情绪平稳后，再讲道理，告诉他小心碰撞。

这些方面，如果父母时时记得，会对他产生正面的、良好的自我形象很有帮助。而这个生命的规划，是需要时间积累的，从孩子一懂事，甚至还在孕育中做父母的就要开始准备。

从动机律看心灵成熟三部曲

伟伟是父母眼中的"人来疯"，五岁的他越是人多的地方就越"兴奋"。去公园，常因抢滑梯或窜到公园不许去的地方，怎样都喊不住，搞得大家往往扫兴而归。有一次帮他买衣服，最后以妈妈拿着衣架到处追他，留下东倒西歪、散落一地的衣架而告终。每次这种事发生后，回家就是一顿"好揍"，因为妈妈太生气了。

但打骂的威力似乎很快熄灭，无论如何都不会影响到下一次"发疯"，后来妈妈懂得要做好"他的心理准备"了，出门前妈妈就会预警，讲好要做的事和不能做的事。从此他去公园和服装店，变得"很乖"了。偶尔还是会有预料之外的事，比如他在超市，把一排排的饼干都丢到地上。

现在妈妈会处理多了，她拉住伟伟阻止他，坚定地看着他的眼睛说："现在你要把货架上的东西都放好，不放好我们就不离开。因为扔东西造成混乱，今天的棒冰就不能吃了。"

伟伟的妈妈进步了，她开始懂得怎样用"承担后果"来帮助伟伟成熟。父母的打骂如果带着怒气，会对孩子有喝止的作用，但是会使其心灵也把怒气一起吸收进去。这些怒气的种子迟早有一天也要开花结果的。

其实孩子都是天真无知的，他们对于很多我们所熟知的礼仪、规矩没有认知，父母要和孩子解释自己为什么生气，他那样做违背了哪些，重点是给别人造成了什么不良的后果。这些都是建造正确价值观的时机。

伟伟和菲菲是表姐弟，每次妈妈带着伟伟到姐姐家作客时，都不由自主地夸菲菲懂事。一次刚进门，就看看菲菲在洗碗筷，不禁好奇地问："菲菲这么乖，你赶着洗碗筷，是怕妈妈回来看到没洗骂你吗？"十三岁的菲菲也同样好奇地回答："这是我该做的呀！我洗了，妈妈下班回来就不用洗了，她上班好累的。"伟伟妈妈好惊奇。

动机律告诉我们，人所产生的行为，是由心中的动机引发的。从动机上看，孩子的成熟发展可分为三个阶段。

第一阶段，因"害怕被惩罚"而不做，或者说因为"不想承担某些后果"而不做。就像伟伟，他怕挨打，或者不能吃好吃的、不能看电视而不做某事。我们称之为"后果论"阶段。

阶　　段	父母要避免的错误
1. 害怕承担后果	生气地处罚孩子
2. 价值观和伦理道德	增加孩子的罪恶感，用羞辱的言辞来教训
3. 成熟的爱和内疚	失去对孩子的爱心，过分地批评他

第二阶段，孩子开始被父母的价值观影响，当然一开始是机械的，他们会多以乖或不乖、对或错来看待事物，并约束自己的行为。如果父母用爱和智慧，加上忍耐来多对孩子解释其中的原因，使孩子看到自己的行为对别人的影响，会很有帮助。这个阶段，实质是朴素价值观的长成阶段。在这个阶段，不要求快速成长，父母也不要以"已经和你说过多少遍了"等话语来刺激孩子，过重的罪恶感会使孩子教条化，而要用爱和忍耐持续撒种使他顺利进入第三阶段。

第三阶段，孩子多以道德约束力约束自己。在这个阶段，孩子开始进入自己的内心，并开始进入他人的世界。如同菲菲的表现一样，"勤劳"已成为品格，"做家事"变成自己的义务，爱妈妈、体贴妈妈辛苦是做事的动机。这阶段的孩子，多已形成自己的价值体系，价值观层面多以认知价值观和高级价值规律为其认识模式。

无论是动机、心态、情绪、目的和想法，父母都应有计划地训练自己的孩子，从第一阶段，顺利过渡到第三阶段。心灵成熟的最大标记就是爱和智慧。

成长规划七：积极的情绪能力

长大后的伟伟，可能总发现自己"肚子里有一股无名火"，这股无名火总是在某些情况下窜到自己脑门，有时会闯更大的祸。非非虽然懂得凡事要在爱的动机里，可是考试一没考好，就要哭鼻子；碰到表弟伟伟"胡闹"，自己也乱了章法，对他"大呼小叫"。

生命规划很重要的内容是有关孩子的情绪。情绪的认知和管理是父母在教育中一直需要关注的，孩子的情绪成熟、心理健康，首先表现在可以感知自己的情绪，可以管理自己的情绪，有较强的心理排压和抗压能力，其次是可以了解他人的情绪，善体人意，可与他人建立联结，易交朋友，有良好的人际互动能力。

作为父母，我们自孩子小时起，就要按着规划培养孩子积极的情绪能力。我们往往习惯于接受孩子正面的情绪——高兴、快乐、兴奋等，而很难接受孩子的负面情绪——生气、愤怒、害怕等各种不顺心，甚至斥责孩子："那么多毛病！"要么不理他，要么自己也被惹怒，和孩子一起陷入失控。打骂等等，对情绪能力的发展尤其不利。

孩子牙牙学语和刚开始走路的时候，与孩子沟通要很慢，且用很少的字，重复表达，加上表情、手势等，力图令孩子理解，不可因他小就觉得没关系。观察孩子的动作，耐心倾听孩子的需求，听完之后重复几遍，让孩子放心。这个时期的情绪障碍对成人后的影响最大，有可能会形成成人期的各种心理障碍。

学前期，尽量给孩子自主探索的空间和自由，常有的情况是遇有条件不允许或危险情况时，因家长阻止孩子会因不理解而发起脾气来，这时候比较好办，因为孩子发脾气的原因是明显的，得到父母的理解和安慰之后很快会平静下来。有时候孩子产生

情绪的原因我们并不能一时明白，也要尽力去理解孩子发脾气或所谓任性的原因。待孩子平静下来，再和他讲道理，他也会容易接受。对孩子不愿意做的，比如收拾玩具、刷牙等等，可用游戏的方式引导。

到上幼儿园的时候，用几个月的时间培养孩子的自理能力、表达能力，带他熟悉幼儿园环境，让他有所准备，努力消解孩子离开父母到一个陌生环境的害怕感。

喜乐的心乃是良药，人类天生就喜欢和需要快乐。快乐是一个选择，孩子如果可以调节自己的情绪，进入"快乐"的水流，这一生都会活得有动力，有盼望，易有创新力。

孩子是如何排压的

心灵是否强健，是否可以从失败中走出来，走向杰出，在于孩子的承受能力。父母应有计划地帮助孩子，借着情绪抒发和心理调整，使孩子具有一定的抗压性。首先，要观察孩子是如何排压的。

小芳没有告诉任何人。她的头发会大把大把地掉，自己也会一直用头撞墙才能平复心中的"痛"，原因是同学发现了她母亲原来"有精神病"。

冬冬上课一紧张就"咬自己的手指"，同桌小梅发现他被咬得脱了几层皮的手指，"惊呼起来"，而他自己却笑嘻嘻地说："没事儿，一点儿都不疼。"

负面情绪导致的压力会自己累积，到了一定的"水位"就要排遣，也即情绪的抒发性。家长要教育孩子，不能因为需要排压，就破坏公物和伤害他人，但也要留意孩子因此把压力"吃进来"，往自己的五脏六腑中"走"，或者往吃、睡、网络、幻想、上瘾等不健康的方向"发展"。当然更不能像小芳和冬冬这样，以"虐待"自己身体的方式排压。

父母要有计划地在以下几个方面作引导。

- 强调父母希望孩子快乐，时时令他知道"妈妈希望你快乐"，快乐是一个选择。

- 平常注重培养孩子的意志力和灵活度，有情绪智慧（详见第2章）。

- 常和孩子谈天，说出内心的感受；允许有挣扎，不切断"沟通"的渠道。

- 多和孩子的同学保持必要的联系，为孩子在生命的各个阶段设立"生命导师"。
解掌握孩子状况，使孩子有多渠道"倾诉"和"听意见"的机会。

- 反复训练：正面建造孩子对情绪和压力的认识。根据其年龄，分享一些自己的例子，使孩子有认同感。说一些鼓励的话，在旁边观察他，激励他。错误抒发例如发脾气等，则要调整。调整的秘诀仍在于使他的价值观发生改变。

- 有舒缓压力的渠道，培养兴趣爱好。比如听音乐、打篮球、散步、说笑话，等等。把握"幽默""逆向思维""大自然"三个关键点。

所谓积极的情绪能力，就是要做自己情绪的主人。情绪能力的发展最重要是在学前期，也最需要在家庭气氛中得到滋养。更大一些之后，父母也有能做的，我们在第2章的"情绪商数"脉络已有描述，这里不再重复。

成长规划八：为学习作计划

孩子的主要任务是学习，学好学坏，能力有无，都迫使父母思考：我们要为孩子的学习来怎样规划。学习的内容有四部分：一是学业成就，书本知识和学习技能；二是智力水平的发展，家长可以给予补充训练；三是发现并发展孩子的天赋；四是生活技能的学习和培育。家长在第三项和第四项中是主角，如果儿童有学习障碍或心理缺失，父母要尽早发现，寻求专业人士的帮助，免得孩子陷于痛苦之中。

上学的规划

孩子要按时上学，一方面避免"幼儿园小学化""小学初中化"，重视学习规律；另一方面，也要认识学习的价值，使孩子累积一定量的知识。要留意孩子的学校生活，提供正常的、安全放松的教育环境。

教育环境也包括了朋友的影响，老师的素质，等等。不宜经常更换学校，但是为了使其更好地吸收知识，有时候，换学校是必要的。如何换学校是需要思考的，父母要有作好孩子心理准备的过程，有案例表明，孩子因为家长工作变动过于频繁，一转学就失去了朋友，以致性格孤僻，不爱表达。

无论是进入公立学校、私立学校，还是在家教育，采用何种教育方式，父母都需要规划，同时，也要留意配合学校所教的知识或在家教育所带出的知识点，对其进行价值观培育。

提升智力水平

所谓智力就是指人类学习和适应环境的能力。智力不是一种，而是多元的，它包含记忆力、想象力、分析判断能力、应变能力、思维能力、观察力、注意力等。上学可以帮助孩子发展这些能力，家长也可以通过多种方式，如广泛阅读、感统训练等，来提升孩子智力水平。

挖掘和发展天赋

每一个孩子生命中一定有着某种天赋或特长，这种天赋一般会以爱好的形式展现。得以展现天赋的孩子有自信，精神愉快。挖掘天赋是父母的责任。如有能力，为孩子找一些辅导，广泛培养，从中想办法认出孩子的特殊才能，普通孩子也可培养一些兴趣爱好，丰富生活。

不过，这其中也要注意：第一，不宜过多。贪多，会养成孩子"虎头蛇尾"的习惯，把孩子任意地放到各种辅导班，也不是最佳的计划。孩童的时间和精力有限，家长可以提供给孩子的资源也有限。这要求父母的用心观察。

有时家长也忙，暑假也不知要把孩子放到哪里，要有宁缺毋滥的心。"坚持把一件事做好"是我们希望的品格。浮躁的孩童，以为自己什么都知道，非常难教导。

第二，若考虑与将来就业方向相挂钩，父母一定要与孩子先交流，达成一致，再往那个方向去。还有，父母不应把自身没能实现的价值，硬套在孩子身上。有时孩子的天赋有遗传性，可以活跃家庭气氛，加强亲密关系。有时孩子具有特殊爱好，会增加家庭的光彩。无论如何，经验和生命规律告诉我们，兴趣的真实流露，才会使家庭和睦，孩子幸福快乐。

生活是最好的学校

随着孩子年龄的增加，大人要教孩子掌握一些生活技能，劳动能力是首当其冲的。中国的家庭一般不重视生活技能的教导。

王敏的孩子和她的美国朋友珍妮的孩子同岁，我们可以看一下：这两个孩子在不同年龄阶段都在做什么呢?

年龄	王敏的孩子（中国）	珍妮的孩子（美国）
9个月至24个月	认字，背数字	自己扔尿片入垃圾箱
2至3岁	背诗	整理玩具、放垃圾入垃圾箱
3至4岁	学英文	喂宠物、浇花
4至5岁	学画画	铺床、摆餐具
5至6岁	各种艺术才能培训	收拾房间、抹桌子
6至7岁	学习、艺术培训	洗碗碟、独立打扫自己的房间
7至12岁	上学、做作业、艺术培训	上学、使用洗衣机、清理浴室、简单煮食
13岁后	学习、做作业、奥数训练、艺术培训	擦玻璃、修理草坪、煮饭、清理厨房、帮父母洗车

有一次，我去一个中国朋友家做客，出来看到她的邻居，一个美国小孩正爬上爬下，帮父亲清理车子。孩子的父亲告诉我，周末洗车一次挣5美元，周四除草一次挣10美元，孩子正在为他圣诞节晚会筹款。这个小朋友身上所散发的活力触动了我，生活和劳动原来是这么的美，这个孩子的生命是充实的。

在劳动技能训练中，要弥补孩子先天的不足。有些孩子口吃，或者老忘东西，记忆力不好。要教导他弥补的方法，肯定他的价值。即使是残障的孩子，他们经过生活技能的训练都可以重塑生活的信心，乐观通达。例如瑞典的莲娜、澳大利亚的胡哲……生活技能是人类生存必须学习的，也是生存所必需的。王敏不用惊讶于自己孩子长大后那些不成熟的表现，生命架构的方方面面都需要在生活中练就。生活就是最好的学校，我们一定不可剥夺孩子从中学习的机会。

成长规划九：品格的魅力

　　品格力指品格所散发的生命力，可以自然与生活相结合形成生活技能、与知识和聪明结合形成智慧、与各种技能结合形成影响力。品格力是藤架上的果实，也是生命成熟的标志。基本价值观在孩子身上第一个成熟的表现就是品格的形成。

　　生命的价值远远高于知识的积累和财富的累积，成才的过程不应该仅仅是成绩优异、技能增长，还应该是一个价值体系落实在生命中的过程。这些由着生命品格在孩童内里的孕育成长，会把个人魅力培育出来，好像果实的香气沁人心脾。有品格的人，身上散发着亲和力，得到人的喜爱。生命规划最核心的部分就是有计划地注重孩子品格的培育。

价值体系是教育中心

　　教育孩子，就是把孩子成长中的各个方面，例如孩子有需要时、产生问题和困惑时、失败或犯错时，都拉入到正确的价值体系这一生命架构上。也就是说，回答孩子的每一个问题，解决孩子的每一个冲突，判断和决定的每一步，都是以价值体系为参照。

　　更确切地讲，是把品格成长和问题解决挂起钩来。让孩子有意识地注意自己思想里面的价值观，即看重什么。家长要让孩子很清楚品格是更重要的。品格的重要胜过于自己能否考个好成绩，朋友怎样看自己，以及是否获得了更多的钱。

品格建造的灵巧

1. 帮助孩子自己认出品格点

越是持久性的品格，像忍耐，越会贯穿孩童很多的生活细节。当孩子抱怨时，家长要常常指出："喔哦，这是忍耐的问题啊！"

奇奇在写功课，突然"哇"的一哭了起来，妈妈闻声跑过来。原来他着急完成功课，但是错把今天的作业错写在下一天的作业纸上，必须用橡皮全部擦掉。奇奇越擦越急，不小心擦破了作业纸……

在孩子确认了品格的重要性后，要常让孩子自己想一想，这回又是在考验他的哪一个品格。当孩子欣然接受挑战时，容易胜过那个挑战；如果孩子自己说出"忍耐"，并可以把它当成可以获得的战利品，孩子就越易胜过。

2. 建造品格是可以学习的

孩子先天的本性好，并不能确保孩童成为一个幸福有用的人才，后天的影响和磨

炼也至关重要。利用家长会、学校访问日，建立家长间的互动。每个孩子的问题，有共同性，也有个别性。不同的家长会有不同的智慧。所以，可从家长讨论中"讨取"教育心得。

3. 用赞美激发孩子主动性

常常肯定那些已经具备的基础品格，特别是在众人面前。在邻舍面前、在街坊邻居的闲谈中、在家庭聚会中，公开夸奖孩子的美善品格，会帮助孩子有自信、有主动性。如果一个妈妈常对着访客说："我这个孩子总是不懂礼貌！"会使这个孩子更不想打招呼；但是如果一个长辈常常称赞孩子："你好善良，好愿意帮助人啊！"长辈的开心会开启这个孩子，这样做是被接纳的，会形成这孩子助人为乐的性格。

4. 让孩子看到失败带来的美意

生活本身造就了其复杂和多样性，有时苦难也是化妆的祝福。重点是经过这些事"我在品格上成长了哪些?"。父母要有能力帮助孩子看到失败带来的美意，带来正确建造品格的价值观，使孩子更宽广接纳自己的不足，更有力成长。

5. 因材施教，不滥用美德

有些孩子无法胜任责任，有些爱说谎，还有些孩子滥用美德，例如"合作"变成"让步"，"勇敢"发展成"乱来"，"慷慨"成了"随便把钱给别人"。父母要及时纠正，随时调整。

6. 勇于承认

在父母和孩子的互动中，家长是在帮助孩子寻找迷失的价值观何在，勇于承认会帮助这个寻找。有时可能是家长先承认错误，也可能是承认自己还没有的美德，这是一个智慧，也是一种活在真实中的美德。孩子往往是看家长的做事方法，也愿意开始"承认"，愿意开始面对和思考问题。

即使父母是勇于承认的人，孩子一开始也会躲闪。父母要抓住机会，用案例与他一同分析，让他清楚后果，并深深明白：选择真实的所引发的后果，远远小于躲闪所带来的疙瘩，或可能引发的危机。

把孩子从外面"拉"回内心

一个孩子在父母午睡时总是弄出"叮叮咚咚"的声响来，父母不是在烦躁中批评他，指责他，而是在平静后，带他思考：有没有想到大人睡觉要小声呢？重点不是有没有弄出声响，而是有没有存心或用心。这是把孩子带入注重内心的过程。

内心的动机是什么？内心的考量是什么？内心才是孩子找到平静和智慧的地方。父母在培养孩子品格的计划中，要随时把每一件事都拉回到内心的价值系统。若发现孩子在机械或教条化地认知品格，或有错误理解的部分，要再从看重内心的角度重新把小嫩枝带回生命藤架。

看重内心，是品格教育的核心。一个孩子可能头脑里懂得很多道理，但无法活出品格力，因为价值观没有生根于心。品格的魅力来源于内心。

父母须留心的要点

大规划与小规划

1. 完成每一个小规划，就完成了一个大规划

将孩子从小带到大，是在完成一个使命，一项大规划，上述九个方面的规划，就是组成这个大规划的每一个小规划。但是每一个规划，以品格为例，又是由不同的小小规划构成的。生命的规划具有延续性，一个阶段有一个阶段的问题，一个时期会有这个特定时期特有的表现。

解决好每一个小阶段所表现出问题，连贯起来，其实就是解决其整个生命历程的问题。爸妈要配合着，针对孩子某一方面的缺失共同完成一个个小规划。这小小的生命规划，克服了孩子一个个不成熟、不完善或缺乏的部分，以至于孩子渐渐形成了正确的价值体系，而这每一个小的生命规划，都贯穿在价值体系当中。

2. 规划的落实

生活中，孩子所显出来的品格缺失、行为不规范等，如害怕、嫉妒、常常挑战他人等，一个一个地调整，是需要反复督导的，可谓呕心沥血，但这些生命规划的落实，可使教育成为快乐的事、轻省的事和有创新且有趣的事。每一个调整，都需要规划的落实，分正面的，例如讲故事；也分解决问题的，例如孩子犯了错误。

规划的落实需要倾听、分析、思考、讨论，每一次孩子显明问题，都不能轻松带过。出现状况是好事，因为孩子真实的问题显露出来了。家长甚至需要请教他人和参

考书籍，找出答案。然后，设立一个小规划，把孩子的问题解决。例如，发现孩子说谎的问题，可以先了解原因，和孩子探讨不同说法的不同后果，使孩子自己选择，说出属于他的"正确"答案，而非我们所要的标准答案。

3. 规划的互相配搭

一个成熟的生命，不是一次、两次的教导就可以完成的。期间，有成功也会有失败。成功的，会是下一次问题解决的基础，而失败的，也应带领父母进入思考，在合适的时机再重新把这个问题拾回，直到这一方面的生命功课做好为止。

教育面对最大的挑战或许是效果，因为学习如何用筷子，可能很容易看出来孩子们掌握的差距，但是生命架构是随着孩子的成长而搭建，有些问题甚至会伴随孩子终生。

每一个规划也不是孤立的。例如在"耐心等着结出果实"里我们讲到为调整做规划，有了规划，实施起来也要调整，甚至是反复调整。同时我们也讲到作准备。作准备就是观察+思考+条件铺路。针对整个教育的问题，作准备、调整和教育可能要采用"三三制"：1/3时间观察和思考作预备，1/3时间做建造，1/3时间做调整。

如何观察孩子的成长状况

1. 孩子潜在的问题

到出了问题才来解决，往往不是最智慧的方法。父母要认识到事情到爆发，一定已经有一个累积的过程，要积极主动留意发现潜在问题，做"防患于未然"的智慧父母。

- 直观性的接触：明显暴露出来的，例如孩子说谎。

- 同学和他人的反映。

- 观察：孩子的问题会在一个相对放松的环境，或一个新的环境下暴露出来。例如，去朋友家的奇怪表现，到了陌生的环境不敢结识新朋友等。

• 在启发式的教学或生活中，孩子的观点明显荒谬，或者没有道理。例如看了一个影片，主人公朴实、善良、愿意为他人付出，可是孩子的评论，却是"他好傻啊""他应该把东西抢回来"，要抓住这些主观评论所暴露的问题。

• 孩童在结交朋友过程中表现混乱时，所暴露的问题。

• 孩童作品里所表现的心理，比如图画、文章、动作所暴露的问题。

陈华珍在《浅谈美术教育中的儿童绘画心理》一文中提到儿童绘画是儿童表达情绪、情感和对事物理解的一种方式。"我发现儿童绘画的内容和其性格有着密切的关系。一年级上'我爱我家'一课时，发现有一张作品画面上出现了爸爸、妈妈，还有他自己。爸爸画得很细致，脸上带着慈祥的笑脸，可是妈妈的形象却是头发凌乱、张着血盆大口，用色上多选择黑、灰等比较暗淡的色彩。看到这张画，我猜想他和母亲的关系可能比较紧张，为此我向班主任打听，果然证实了这一点，他父母离异，他跟父亲一起住，对母亲的印象是母亲经常批评、责骂他。"

• 孩子的生命导师，或特别关心孩子的人所提醒的危机。有些孩童专家，或是心灵导师，能够有远见地看到孩童不同层面的问题。

2. 父母面对孩童问题的原则与心态

父母留意安静思考应对的生命规划：

• 不回避，尽量把这些在生命成长中的隐患，在微小的时候就把它消除。

• 找出原因，有耐心，有计划，寻求智慧。

• 建立家庭协谈，并充满坦诚。

• 设立目标，多肯定孩子的动机，明确指出其缺失，设立改进目标。

• 一同成长。

价值观与生命成长规划的关系	1. 价值观是中心，生命规律就是价值规律 2. 价值观是指引，规划是在价值观指出的规律上进行的 3. 价值观的智慧性，有适用范围，可大可小（父母帮助孩子认识） 4. 价值观把握了规划的脉搏（节奏） 5. 价值观的正确调整，把错误的成长拉回正路
适时调整价值观——父母必做的功课	1. 生命是有规律的，父母的心愿要符合这些规律 2. 在规律中，让孩子自由成长，父母要懂得放手 3. 父母的强行干预，会使树枝折断，父母要有柔软的心 4. 必须裁剪，树木才能长得更好（顶端优势）
把握生命成长规划的分寸	1. 活学活用，根据具体情况寻找智慧 2. 坚持原则，家长要大胆 3. 把规划和每天的生活结合起来
生命规划的落实	1. 会使孩子的价值观建造有系统 2. 也使父母可以放手 3. 会把盼望带给父母 4. 可使孩子幸福快乐很多，也使父母知道自己需要什么 5. 帮助父母在其中摸索出规律 6. 把乐趣建造在教育当中 7. 让父母有远见，有整体观念，看到问题的本质

这些生命规划的落实，可使教养成为快乐的事、轻省的事和有创新且有趣的事。

Part 5

让价值观生根于心

引言　经你内心孕育的价值观

哇哇国喜获大丰收，国王很高兴，决定大摆宴席举国欢庆。左丞相说："我王英明，全国的百姓都来品尝我王预备的山珍海味，只是没有好酒，实在是美中不足。"右丞相马上接话说："大王不必挂虑，我国百姓素来擅长佳酿，请他们每人自带一点来不就可以了吗？"

大家都以这话为美，随即发布诏书，全国人民于下月来赴国王的宴席，只每家需各带一罐自酿美酒，倒入一个大瓮，这样每人都可品尝到家家户户酿的美酒。

看到诏书，张三对老婆说："老婆，你把咱家酿的好酒打上一罐备着。"老婆却明显有自己的想法："你傻呀，那么一大瓮，就缺你这么一小罐？"张三不解，老婆继续道："老伴儿，刚有一年好收成，省着点吧？"张三也觉得有理。赴宴当天，两口子带着一罐水来，把它倒入了国王准备好的大瓮里。

饭菜摆上来了，在左丞相的带领下，大家举杯，祝国王身体安康。众人把酒一饮而尽，不禁面面相觑，随即都低下了头……原来大家的想法是相似的，往瓮里倒的都是水。

哇哇国国民外表和睦，但各怀私心。大家都觉得贡献一点假的不要紧，不会暴露的，但是心里暗中的那一点"狡猾"与"掺杂"，最后都会在光天化日下显露出来。难怪有古话说，"人的心怎样思量，他的为人就是怎样"。如果每个人都不讲"良心"，不献"爱心"，心里没有诚信和真实，这个国家至终会有问题。

心是我们最需要关注的地方。心中有真爱，一定会带出爱的行动，使孩子感受到爱，因为爱是从心里来的。

价值观是种子，心是土壤，种子若不根植于土壤，势必无法结果。价值观要从心里发出，根植于心。价值观若仅落在思想里面，那就是条条框框。心的问题，不是用说道理就可以解决的。父母要传递给孩子的价值观，除非在自己的内心经过了孕育，已经产生了生命的酝酿，否则还不如不做，因为带给孩子的可能是律法、拒绝，甚至是更深的伤害。

我们看到葡萄藤架上的优美果实，学习了家庭文化，也了解了生命成长的九个规划，但怎样使价值体系落实到孩子心里呢？本章试图从七个方面，结合多个案例，先帮助家长面对自己的心，调整自己的价值观。然后分析案例，讲究方法，使家长切实掌握这些能力。

如同上面的故事中，即使一点点的掺杂，都会带入教育中，影响孩子的生命，掌握这些能力的基础是放低的心态和愿意改变的心。

用什么撑起孩子的未来

有效地使用理想

你有理想吗？理想与目标不一样，是一个我们愿意付出代价（包括时间、精力甚至生命）去获得的东西。也有人称之为"愿景"，它萦绕在脑海，一直吸引我们去达成或得到。愿景来源于我们对自己和他人的认知，是认知价值观的一种。

有人说，你不会比你能想到的走得更远。如果我们的理想只是上大学，我们的孩子可能就只能到那里。如果我们的理想是服务社会，孩子们也乐意服务别人。愿景或理想像种子一样埋在我们的心中，等待着开花结果的那一日。

"没手没脚没烦恼"

这是尼克·胡哲的人生名言。尼克1982年出生在澳大利亚，他一生下来就没有双臂和双腿，只在左侧臀部以下的位置有一个带着两个脚指头的小"脚"。他告诉人们，他多次想到自杀，因为他觉得人生没有办法幸福快乐了。

13岁那年，尼克看到一篇刊登在报纸上的文章，介绍一名残疾人自强不息，给自己设定完成一系列伟大目标的故事。他受到启发，决定把帮助他人、感恩图报社会作为自己的理想和人生目标。经过长期训练，残缺的左"脚"成了尼克的好帮手，不仅帮助他保持身体平衡，还可以踢球、打字、开车、划艇、游泳……生活质量之高，胜过于很多四肢健全的。

他从17岁起开始作演讲，向无数人介绍自己不屈服于命运的经历，迄今已到过24个国家和地区。尼克曾获会计和财务规划的双学位，同时他还创办了"没有四肢的生命"组织，帮助人们走出阴影。由于尼克的勇敢和坚忍，他曾被提名为"年度澳大利亚年轻公民"。

一个将自己看成"废人"的尼克，转变成一个怀着感恩的心作讲演，帮助很多人重新确立人生目标的尼克。他的秘密在于13岁那年找到了自己的理想。

愿意筑梦，憧憬未来

有理想的人，易有方向感，也容易满足快乐。没有愿景的孩子容易胡来，没章法。有理想的孩子不一样，他们知道自己要的东西是什么，并愿意以此约束自己，可以为此献身。

父母心中若没有愿景，生活忙乱，作息不定，口无遮拦，也不能怪孩子为什么不愿起床上学，胸无大志。理想是可以传递的，父母应思考自己的理想，也注重帮助孩子坚定理想，喜欢有梦。当然有时"理想很丰满，现实很骨感"，但是愿景的吸引力是大的，它使孩子完全发挥自己的价值。

理想可以是国家的层面，是社会的层面，例如尼克帮助他人，感恩回报社会；也可以是个人价值发挥的层面，例如成为银行家、做救死扶伤的医生等。

王可的理想是当一名出色的外交家。

一天，王可和朋友李丁因为球赛的看法不同，吵架了，二人不欢而散。妈妈其实已经几次注意到王可的人际关系有点"危机"。鹏鹏和娜娜都不太来家里玩了。妈妈决定和王可谈谈：什么叫外交家？

王可妈妈智慧地使用理想，把王可我行我素的毛病纠正了。帮助孩子有愿景，并有效使用他心中羡慕达成的来激励他，这比直接教育他的功效不知好多少倍。

渴望的力量

什么是你心中最宝贵的

父母的心中最看重的，就是他们的核心价值。

伟伟爸爸常常教育伟伟品格最重要，可是"人心里所想的，嘴里就说出来"，每次听到他的谈话，都是钱、钱、钱，伟伟太困惑了。

有一部家庭伦理电视剧《渴望》，在1990年首播，其收视率达到空前的90.78%。这样普遍地被关注，说明它引发了人对于内心渴望的共鸣。特别是主题歌中唱道："悠悠岁月，欲说当年好困惑，亦真亦幻，难取舍。悲欢离合，都曾经有过，这样执著，究

用什么撑起孩子的未来

竟为什么?"

这样执著,究竟为什么? 有时我们办了一场轰轰烈烈的同学聚会,欢声笑语,把酒言欢,但聚会结束后人去楼空,心中依然有说不出的空虚和惆怅。爱、尊重、安慰、理解,这些到处可见的平常字眼,真实是心灵的粮食。一位妈妈说,她只要看到老公愿意帮助别人,心中就有一丝安慰浮上来。善良、慈爱是心灵的"慰藉"。

人有对物质的需要,是必需的。已故台湾首富王永庆先生,曾对他的孩子们说:"这些钱不是我们自己的,是社会托我们管的。"所以王老先生办学校、开医院,热心慈善,现在他的几位孩子也都热心公益。其女王雪红女士在汶川地震后成立公益基金会,致力于扶助社会弱势群体,促进教育公平。可见,我们要做钱财的好管家,而不是让它来"管辖"我们。

物质主义的误区,在于错把"需要"当作"渴望"。外在的需要被过分放大,忽略了心灵的层面,导致人内心的罗盘发生问题,也自然不能达到幸福的彼岸。

一个好友的孩子,在六个月大时意外夭折,她撕心裂肺地讲:"我现在发现一切都是假的,我的公司,钱,别人怎么看我……以前我以为重要的,其实并不重要,孩子死了,只有那个支撑我继续活的信念和思念女儿的心才最真实的。"

我们不能等到失掉孩子,才来重树自己的价值观。

你的渴望就是你的指南针

"需要"是外在的,我们需要食物、名誉、金钱、权利、地位、爱情等,这些是内心"渴望"所带来的外在表现。人类社会是群居社会,人的生存价值体现了彼此需要的特性。

我们的价值不在于我们做了什么或有什么贡献,价值感来自于"被需求的程度",

就像有些商品越是有人争抢，价格就越高一样。我们都有"被需要"的渴望，但是我们以为那仅是金钱和权力能为我们带来的，虽然看起来好像是那样。

"渴望"是心灵的需要，是一种极需要被满足的状态。当渴望没被满足时，我们就觉得心里空虚及痛苦，我们对渴望的回应，决定我们一生的幸福。渴望像指南针一样，它会一直把你带到那个境地和程度。因为它自然成为我们一切的指南。

我们不应为有渴望而感到不好意思，渴望是人心中与生俱来的。但是以错误的方式来满足这些渴望，倒是我们应该规避的。因为用"需要"去填补"渴望"，人永远不会感到满足。

最珍贵的东西都是免费的

如果我们和伟伟的爸爸一起，细细品味我们活着的这个世界，不难发现：最珍贵的东西都是免费的！阳光，是免费的，空气，是免费的。这些我们赖以生存的，有谁为它们"埋单"过呢？亲情，是免费的。孩子不需要做什么就可以赢得父母的爱。只要愿意，人就能拥有希望、梦想、目标、意志、使命感……世间多少滋润心灵的美好风物，都是免费的呀！

那些支撑者我们的信念是免费的，同时也是最珍贵的。孩子里面那个看不见，但却无时无刻不在影响他们的选择和感受的价值体系，是最珍贵的。

父母若一直致力于维护亲密关系、建立信任感等家庭核心价值观，用爱一直滋润孩子的心田，孩子会很有安全感和自信，有良好的自我形象。无条件地爱孩子，一心为他好，不把孩子当为自己的私有产品，而是当成社会和时代所托给我们的产业，努力把他所有的价值和潜能挖掘和发挥出来，他们心中那个愿意成为有影响力的人的渴望就自然会被满足。

用什么撑起孩子的未来

孩子心田里的每一个渴望，都是不用钱就可以满足的。所有这些"爱""信任""舍己""看重价值"都是免费而宝贵的。

名誉像玩具一样

波兰诺贝尔物理学奖获得者居里夫人一生淡泊名利，有人到她家做客，见其小女儿正在玩英国皇家学会刚刚发给居里夫人的一枚金质奖章，大吃一惊，忙问："居里夫人，英国皇家学会的奖章是极高的荣誉，你怎么能给孩子玩呢？"居里夫人笑了笑说："我是想让孩子从小就知道，荣誉就像玩具，只能玩玩而已，绝对不能永远守着，否则将一事无成。"

菲菲是一个认真的孩子，学校有跳皮筋比赛，她每天做完功课和家务就练习，紧张到拖着妈妈陪她一起练。比赛结果，她得了第五名，郁郁寡欢。为了让她开心，妈妈带她到公司的年终庆典。庆典最后一项是抽奖，所有来的宾客都有一次机会，但是菲菲和妈妈没抽到什么。突然，菲菲大声哭了起来，害得几位阿姨赶紧把自己抽中的奖品塞到孩子手里，妈妈觉得好没面子……

妈妈一直教育菲菲要做一位有荣誉感的孩子，但很郁闷的是，这个孩子"太要强了"。难道我们的教育错了吗？

不，有荣誉感和上进心是我们一直要培育的价值观。价值观生根于心，这个心是活的，有感觉，也可以体会到别人的心。菲菲在做家务方面心里有妈妈，但在荣誉面前，心里没有别人。我们要继续培养菲菲"分享荣誉"的观念。

同时，不一定是以前的教育不对，可能是暴露出心里更深层的问题。而教育就是在新的基础上继续教育。妈妈还应看到，菲菲在年终庆典上的情绪不光是因为没抽到奖，跳皮筋比赛失利也是一部分原因。

和菲菲可以分享的有：

1. 你想得"第一"的心是好的；

2. 成功的定义不仅是拿第一，而是看自己有没有尽心尽力；

3. 结果不重要，过程更重要——练习跳皮筋，掌握了技巧，学到了平衡，锻炼了身体，这本身就是成功；

4. 资源有限，第一只有一个，一个人不可能拿到所有的资源，但是注意把握机会（预备参赛）就好了。

妈妈在菲菲情绪平复下来之后，还可以继续把居里夫人的故事，讲给她听。妈妈还可以问她："你觉得居里夫人可以取得很大成就的原因是什么？"不管菲菲怎样回答，我们都可以告诉她："要轻看荣誉，别的小朋友跳皮筋得奖，你也要为她高兴啊！"

心是自由的

又说钱重要，又说不能被钱"管辖"；既教育孩子有荣誉感，又告诉他们要轻看荣誉，淡泊名利。到底要怎样做啊？

借着居里夫人的故事，我们看到她有荣誉感但轻看荣誉，她希望继续进步。如果我们的心都被以前的成功一直填满着，总在回味过去，心中"渴望伟大"的愿望就无法一直得到满足。荣誉感是我们获奖的原因，但轻看荣誉使我们继续成长。

妈妈继续激励菲菲可以放下特别看重荣誉，让孩子知道另一个方面的真理，即荣誉在一个程度上还是假的渴望，我们想要"得第一"来证明自己，但真实的渴望其实是做一个"有成就"的人。另外，没有得第一，也一样可以和别人一起欢乐。

无论是金钱，还是荣誉，它们在我们的心中必须有地位，但他们都是"需要"，无法满足我们内心真实的渴望，我们的心一定不能被他们管辖，而要保护心的自由，

更多地寻求 "爱""信任""感恩""智慧"。自由是什么？有人说，"自由就是我想干什么就干什么"。一位哲学家说，"自由就是你不想干什么，就可以不干什么"。

时下，不光是金钱，还有工作、网络、电影、朋友等，本来是职业、资讯、娱乐、放松等需要的存在，都有存在的价值。但曾几何时，这些变成俘获我们心的，或使人上瘾的。家长要小心看管和引导孩子，保护他们不变成奴隶，使孩子活在自由里。当然，父母更要有活在自由里的能力。

管控情绪、心心沟通

吼叫是正常的吗

一位友人最近向我倾诉，当她对着五岁的女儿吼的时候，不光孩子吓坏了，自己也吓坏了，她问："你觉得我还正常吗？"妈妈们通常把自己描述为"有时像天使，有时像魔鬼"。其实，过了中年的人都知道，我们有时向家人吼，有时向孩子吼，却很少有人会向同事或领导吼，因为后果自知。

晓芸家买新房了，虽然高兴，可这一段总觉得钱不够花，付房贷、孩子的教育费、汽车的养护费、油钱……晓芸把账算了一遍又一遍，怎么算都不够。一天晚饭后，她赶紧把这个月的花销列了一遍，还是有缺口，突然，客厅里传来先生和儿子的打闹和嬉笑声，晓芸冲到客厅，对着他们大吼："能不能安静一点？"儿子惊愕！

晓芸安静下来后，问问自己的心，她很快就觉察其实自己不是冲着孩子的，而是经济上的压力。我和上面那位友人分析过后，她坦承是因为发现了先生有外遇。诚实地面对了自己的心后，我们会发现，这样对孩子是不公平的。

这里有一个价值观需要调整，我们都愿意对人表现善良的一面。所以我们在外面都是天使，帮助这个，善待那个，对领导有气也压着，可是遭殃的，是身边最爱我们的人。如果情绪处理不好，我们伤害的都是我们所爱的人。正确的价值观是要对爱我、照顾我的家人更好。

晓芸和那位友人要做的，就是带着公平的心，真诚地和孩子讲："妈妈最近压力很大，不是针对你的，请原谅！你别往心里去，妈妈是爱你的。"诚心地道歉，会换来更大的尊重，并可打开沟通的管道，因为从心里来的，都有感召力。孩子通常都会原谅我们。

制伏我们的心

爸爸常常对丁丁吼叫。一天，爸爸发现丁丁在对小猫咪吼叫。丁丁的用语、声调和自己何其相似啊！爸爸呆了……

情绪是可以传递的，这个怒气的种子，会因着父亲的发作直接灌入孩子幼小的生命中。开始丁丁可能感受到的仅是压制、怯懦，如果没有梳理和处理，到了一个可发泄的场合，或者丁丁认为"安全"的场景，就会像"火山"一样爆发出来。

认识到自己的情绪对孩子的伤害，父母要开始改变自己。但是，每位家长都不难认同的是，心里很愿意，但是做不来，很难啊！

情绪就好像一头没眼睛、没耳朵、没头脑的怪兽，它只有感觉、嘴巴和四肢，任意驰骋在一个没有边界约束的城池里。《三国志》里桃园三结义之一的大将军张飞，因为心中恼恨，常鞭打士兵，最后因此丢掉性命，难怪有话说，人若可以制伏自己的心，强过可以攻城杀敌。我们必须学习制伏自己的心。

情绪管理三部曲

伟伟的妈妈运用心灵成熟三部曲，成功地开始管控自己的情绪。

第一阶段，就是要面对很多"后果"。孩子伤心了，自己要道歉，常常一天到晚都在收拾自己情绪所惹出来的"乱摊子"。没有伟伟妈妈勇敢的父母，就会采用回避、视而不见、妥协等手段。这一阶段，害怕"后果"在约束着我们。

渐渐地，伟伟妈妈开始明白，不能因为其他压力而影响了自己和孩子的关系，因为这个关系才是最需要维护的。还有，自己保持快乐的心情才可以做好工作，同时不能把自己身体气坏了。自己要是有个"三长两短"，谁来照顾伟伟？再有，因为对孩子"吼"完后，"自责"又无时无刻影响者自己做其他事的心情，何必呢？

早上，看着睡眼惺忪、一点也不懂得"配合"的伟伟，她真是气不打一处来。所有的感觉都在告诉她，伟伟不像话，于是心里开始生气。刚准备张嘴呵斥，一个信念进来，她选择对自己的心说："不要因为这样，毁了我的一天！"怪兽开始退去了，伟伟妈妈享受了美好的一天。

有时，她发现自己不小心又发火了，就快速先离开现场，整理完自己的情绪后，再回来和儿子谈。

第二阶段，妈妈在爱护自己和尊重伟伟中挣扎着前进，不时和儿子道歉。慢慢地，她发现伟伟的所作所为，不是那样可以抓住她的心了！

进入第三阶段的妈妈，真正享受到了"不被惹动"的快乐。她发现，每次自己道歉后，儿子都说:"妈妈你没错，是我不乖""妈妈，对不起，我惹你生气了"。儿子的可爱和贴心越来越进入自己的心，母子的关系升华了。即便偶尔又"破功"了，想到儿子的大度又很内疚。渐渐，娘俩儿的关系更铁了。

表达中的事实与感觉

菲菲指着鱼缸，快乐地说:"好漂亮!"妈妈微笑看着她问:"菲菲，什么漂亮呀?"菲菲看看妈妈，认真回答"两条鱼"。妈妈肯定地说:"对，你看看两条鱼，你觉得鱼很漂亮，对吧!""嗯! 鱼漂亮。"

家长要从小培养孩子，把看到的如实表达后，再加入自己的意见、感觉或看法，也就是说**把握一种"事实+感觉"的模式**。精准地描述过程，适当地把个人见解阐述出来。

例如，小刚回到家里和妈妈说，"我觉得数学老师处处挑我毛病""他不喜欢我"。

什么漂亮啊?

漂亮……
嗯,鱼漂亮!

妈妈应该有智慧，问清楚事情的经过。因为可能的原因之一是小刚在数学课不专心，比如用纸做的子弹打同学，所以老师批评他。

父母在清楚事实后，要教育"老师有爱才会管"，这很重要，与老师的对立会使小刚在课堂上什么也听不进去。另外，也要提醒他说话的方式，不能老用"形容词"讲感觉。

人与人的关系常因这种只讲感觉的话语，而被搅得乌烟瘴气。把看到的事实，听到的内容，与自己的感受、感觉、感想分开来是非常必要的。如果菲菲可以把"你讨厌！"变成"你怎么不告诉我，就拿走我的画笔呀，我找不到很烦，觉得你讨厌"，就会让我们明白她烦的原因。

父母可以用本书的图例训练您的孩子，请他先表达描述所看到的图画，从图里看到了什么（事实），再讲自己觉得画里的意思是什么，在表达什么。

这里所涉及的核心价值有以下两点：

一是准确，具备朴实的心，凡事准确；

二是公平，描述、表达或转述的感受、感觉、感想，特别是对一个人的评价，是否充分、得体，对当事人或听众是否公平？

建立家庭协谈机制

为避免吼叫掌控我们的生活，家长要注重培养沟通的家庭文化，要精心培育一个沟通机制。即所有事情，大家都是用协谈商量解决。

这个机制有七个要点，要在孩子小时就开始策划实施。

第一，是为避免吼叫而设置，沟通中任何一方要心平气和。

菲菲的妈妈是位律师，菲菲已开始上学了，每次菲菲和她谈起学校的事，妈妈总觉得她太矫情。妈妈不时感叹老师没水平，那女孩子谁和谁好、谁不理谁，多没有意义，多读点书不好吗？有时菲菲和别人有矛盾了，妈妈会大力肯定自己的女儿，然后告诉她怎样抓住一堆"证据"，"驳回"对方。

开始，菲菲好佩服妈妈，每次都把妈妈的意见告诉老师和同学们，慢慢地，她发现老师都不愿管自己了，同学们也会振振有词地"反驳"她。不过，菲菲觉得妈妈永远是对的，可是全班同学好像都不太理自己了……

菲菲和妈妈之间的沟通显然没有火爆的气氛，但是缺乏了其他六个要点。

第二个要点，就是沟通的目的是产生正面积极的影响。菲菲的妈妈要认识保护心的重要。虽然有不同看法，只要没有原则性的问题，让菲菲保持对老师和同学的正面印象更重要，因为一味与他人对抗会影响孩子的思考和认知，干扰孩子的人际关系。

第三，从一开始，妈妈就要带给菲菲一个"内部讨论"的规矩，使孩子分清场景。妈妈可以说："我没有在现场啊，我告诉你的意见也不一定全面，我们内部讨论，你要保密哦！"或者干脆说："让妈妈和老师说，你不用说好吗？"所以菲菲妈妈若对老师有意见，也要自己单独去和老师沟通较好。

第四，是问清情况，否则孩子们之间的问题，就会造成家长之间的"辩论"。菲菲妈妈显然是用自己的分析，作出了单方面的判断。

第五，沟通是双向的，这个机制要帮助菲菲自己发挥思考力，或对自己有重新认识的机会，很明显菲菲妈妈代劳了。

第六，沟通的基础是坦诚和真实。肯定菲菲重要，但重点是肯定用心，不能不分青红皂白全部统统肯定。否则妈妈完全肯定女儿，女儿彻底认同妈妈，没有了建设性。

第七，这个机制的主要目的不是发泄不满、争出高低，而是表达关爱，增加亲密关系，了解孩子有没有走在正路上。

心与心的沟通

爸爸拿着明明的成绩单，厉声问他："给你的钱，都做什么用了?!"明明很困惑。本来以为成绩没考好，要挨一顿板子，怎么问起钱来了？明明迟迟不回答，看到没反应，爸爸的火气越来越大，随便抄起桌上一个东西，恐吓说："你再不说话，就打死你!"明明还是不知怎样回答。

这样的沟通把明明搞糊涂了。爸爸其实是因为他把钱花到玩游戏机上耽误了学业而生气，但又不把话讲明白，以致双方沟通不畅。

沟通机制的秘诀是心与心相沟通，经过心里孕育过的，才会生出好果子来。

第一，明明爸爸需要做好准备，准备好充足的"证据"，因为明明可能会抵赖。另外，要准备自己的心态，不要有情绪，先制伏自己的心，因为价值规律告诉我们，怒气只能换来怒气。

第二，真实易换来"真心"，爸爸可以对明明坦承自己"生气了"，以及为什么生气了。

第三，如果没谈好就查找原因，必要时可道歉，但是重点是给明明机会申诉。

心灵是可以产生震撼力的，父亲有打开心的能力，可以制伏自己的心，晓之以理，动之以情，这样心与心的沟通才有效。即使孩子有时不懂我们的心，错会我们的用意，但是这粒种子已经种下，会有一天在他的心里结出美好的果实。

　　　　　　　　　　　　　　　　用什么撑起孩子的未来

分析问题和解决问题的能力

小测验：如果举行"世界总统"竞选，你会选哪位？世界总统将从三名候选人中产生：候选人甲，相信占星术，有过两个婚外情人，有严重的烟瘾并每晚喝上8到10杯马提尼酒；候选人乙，曾两次被解任，睡觉到中午，在大学时代曾吸食鸦片，现在每晚喝一夸脱白兰地酒；候选人丙，授勋过的战争英雄，素食主义者，从不吸烟，偶尔喝点啤酒，从未有过丑闻。

这三个候选人里你会投票给谁？

这三个人是谁呢？答案是：候选人甲，美国总统罗斯福；候选人乙，英国首相丘吉尔；候选人丙，德国元首希特勒。

你会选出希特勒吗？希特勒虽然外表"干净"，但内心冷酷残忍，心理障碍在他登上权力顶峰时，才爆发出来。罗斯福和丘吉尔的生命中都存在这样和那样的问题，**但外面的状况并不能说明什么，里面的价值体系才是一个人的核心。**

所以，今天我们面对孩子形形色色的问题，而不要以为问题就代表孩子的内心。但父母要有分析问题和解决问题的能力，这样才能看到孩子的价值核心状况并帮助他。

我们怎样可以判断出问题所在？怎样找出有关生命本质的部分呢？怎样分析出问题，又帮孩子梳理价值观，来解决问题呢？我们分析的标准是什么？

不注重外貌，看重内心

娟娟家从上海搬到了兰州，她离开了原来的初中同学，很舍不得。父母觉得女儿可以正常上学，心就放了下来。可是没多久，妈妈发现娟娟晚餐饭量大增，娟娟中午就近到爸爸的食堂吃饭，工友和爸爸笑谈："你女儿好厉害呀，一顿吃三个馒头，连我都吃不过她。"两个月时间，娟娟的体型从瘦弱一下子胖了起来，长了30斤。爸爸妈妈都开始昵称她"肥肥"，但娟娟听到却很烦，很不高兴。

父母不应放过任何一个孩子"突变"的境况。学习成绩突然下降了，对自己的态度突然变了，突然很爱睡，怎么叫也不起床……此例当中，娟娟突然胖了。

解决"突变"的关键是，不被她的外表"牵着走"，尊重她的本质，继续爱她，肯定她，相信我们的孩子本质是好的。然后，用"排查法"找出原因。

从娟娟的变化我们可以基本判断"出状况了"。解决"突变"的判断基础是第2章的各种果子和第4章的不同规划。

例如：先从成长九规划开始排查，她依然在正路上，但是有没有按时吃到她的"粮食"呢？很明显的是，娟娟吃了过于她身体需要的粮食，导致了突然发胖。食物出问题了吗？有些吃惯大米的人，吃面食是没有"饱"感的。妈妈马上开始把主食馒头换成了白米饭。如果观察几个星期，发现娟娟饮食正常了，问题可能就尽于此了。如果未见效，继续排查。

娟娟是不是压力太大了？吃东西成了她的减压法了？有些孩子压力一大，就往睡的方面发展，有些孩子则向吃来发展，还有的孩子往上瘾和逃避发展。无论哪一种，要启动家庭协谈机制，通过沟通，或从其他渠道发现并解决问题。

如果是压力来的，很明显心理准备还是不够。还要观察孩子的学习环境是否安全，有无感受从"恶霸"同学来的压力等。家长多陪孩子，改换心情，只要发现得早，都可及时解决。

判断出原因后，用生命藤架上的十个脉络逐项排查，开启和转化价值观是解决之道。以娟娟的例子，把敢于突破的思想给她："娟娟在上海学得好，在兰州一样可以学得很好，我们相信你！"更多激发她自我鼓励，面对新环境说"我可以"。

最后，使用第3章的家庭文化内容，在家中肯定她，支持他，和老师认识，帮她与同事同龄的孩子成为好朋友……很快，娟娟就会快乐起来。

孩子与家长的"冲突"

家庭中另一类常见问题是孩子与家长发生了"冲突"。

佳佳的爸爸打了他，因为他不做功课还"顶嘴"。佳佳哭着跑到外婆家，外婆搂着佳佳一顿安慰，随后外婆打通了女儿的电话。爸爸把佳佳接回来，诚心地给儿子道了歉，表示以后再也不打儿子了。佳佳可得意了，以后遇到情况就说："我要告诉外婆！"

其实冲突本身是认知、信念或行为模式的不同，别忘了是"价值观"在吵架。具体问题要具体解决，因为孩子是多样的，没有统一的公式。但是解决冲突可以试着：

道歉+沟通+教育团队+坚定。

首先，道歉有道歉的艺术，当然要诚恳真心，佳佳爸爸即使碍于丈母娘的压力，也应把道歉的内容和态度加以区别。例如**可以就态度急躁、说话方式道歉，但是在原则和内容上"不让步"**。也就是说，"我还是不同意……，但是我把你搞得伤心了、害怕了，我还是应该道歉"。这样的道歉，帮助孩子树立清晰坚定的价值观，也帮助他们将来可正确表达思想。

其次，要做心与心的沟通，道歉是打开人心的"钥匙"，使双方回到同一个水平，容许对方情绪有发泄，但是沟通中的分析才可以安抚对方。例如，"其实，开始你不写功课，爸爸有没有生气?""你顶嘴，我的火就上来了"。这样的分析，让孩子知道我们心里并不拒绝他，是他的行为或态度激怒了我们，和我们平常说的爱他并没冲突。另外，一问一答，把孩子从感性带入理性，逐渐平复下来。

再次，要寻求教育团队的支持。佳佳的妈妈很关键，她要说服母亲，给她一个价值观"孩子还是要自己管"，但虚心接受母亲的意见，"孩子爸爸的态度的确差了点"，妈妈要告诉孩子，他爸爸是爱他的，如"忘记以前……了吗?"，还有比如告诉孩子他跑了后爸爸如何吃不下饭，等等。

最后，坚定不屈服。家长都知道面对不断嘟囔、争论、顶嘴的孩子是很累的一件事，事实上，孩子就是发现通过哭闹、争论可以操纵父母，达到他们的目的，他们才会使用这些方式。只要有一次成功的例子，就会给予他们继续用此策略的欲望。让他们知道你乐意听取他们的意见，但只在他们用合宜的态度和语调时，比如告诉孩子："我会听你的，但你要好好说清楚，而不是用哭闹的方式。"注意用非常平和的声调；注意语速的不紧不慢；注意用词，正面而简短。

用简短、平和、缓慢清楚的话，重申完自己的观点完后就离开，忙自己的事，给

用什么撑起孩子的未来

孩子思考和调整的空间。"是啊，我也明白，可是我们已经谈好了呀，你再想想。"不要让他发现你被他搞得很乱，正在没主意。

孩子与别人的冲突

成长中的孩子一定和别人也会时有问题发生，让孩子"有困难想回家"。

伟伟、佳佳和娜娜是三年级一班的同学。娜娜不喜欢伟伟，说伟伟脏，伟伟渐渐也不愿理娜娜。伟伟和佳佳原是好朋友，一次，佳佳帮娜娜捡起掉在地上的书，娜娜谢了佳佳，但白了伟伟几眼，引起伟伟对佳佳的不满。还有娜娜只把好东西给佳佳吃……有一天，伟伟和佳佳不知什么原因打了一架。图中是他俩各自回到家后，遇到了不同的待遇。

当孩子和别人打架或惹祸时，有以下几个原则要先把握。

1. 先处理伤口、淤青，保证孩子没事。这样的孩子会有接纳感、对家庭的归属

感。怒骂不会使孩子愿意讲出心理危机或缘由。清理完伤口，母亲可问："什么时候你告诉我发生了什么呀？"或幽默地说："伤口没事了，准备好告诉我了吗？"

2. 给孩子空间。孩子上学后，开始有自己的心事，渐渐开始想"掌控"局面。所以，即使佳佳妈耐心包完伤口，佳佳可能还是不愿开口。孩子这时可能怒气正充满心头，硬逼他去道歉，效果不一定好，给他点时间，做好心理准备，暗中看护着。

3. 了解必要的情况。即使孩子不愿讲，妈妈至少要从其他渠道知道大概的情况。

不能像菲菲妈妈那样认为自己的孩子都对，也不能把家长个人因素牵扯进去，例如自己丢面子啦，邻居会怎么看等等，要有公平正直的心。

父母心胸要豁达，有智慧，有分析和解决问题的能力。父母自己有管控情绪的能力，就可以帮助孩子学习制伏自己的心，爱护自己。

智慧的言语

能够看出问题所在是能力，但那只是认知或知识的部分，解决问题需要智慧，其中智慧使用言语是关键。

例如，菲菲没抽到奖而哭，妈妈可以看出：第一有跳皮筋比赛结果不理想的情绪积累；第二太过看重荣誉。这些都是认知点，是分析问题，只是解决的第一步。如果妈妈告诉她，"不要在意名誉""你怎么这个样子，你还想进步吗？"或"我早看出你太爱面子了"，等等，虽然掌握了情况，但没有智慧，远不如用故事耐心智慧地教导她，可以解决问题。

使用智慧的言语，秘诀是多思考，做好心理准备，向专家请教，以下几点供参考。

1. 多用肯定的话语，重点肯定孩子的心，再指出他不成熟和需要改进之处。

2. 用正面的话语，指出可行的方法。少用"不要""不可以""不准""你给我停止"。

这样的说法只教给孩子什么是不能做的，而没有告诉他们什么行为是你期望的。孩子内心有很强的欲望想帮助父母，所以告知他们如何帮忙是一件实现亲子双赢的美事。与其说"不要烦我！没看到我在忙吗?"，不如柔声说"你来帮妈妈一起……"。当他们做出这样的帮助，谢谢他们，并称赞他们这些适当的行为。

3. 懂得赞美和道歉的艺术。赞美和道歉一样要真诚用心，此外要多赞美品格，赞美用心，赞美努力，适当赞美外貌和成绩就好了。

4. 话语的速度放慢，字句简练，表情平和，坚定不屈。特别是纠正孩子错误的时候。

5. 多使用形象语言。

爷爷和孙孙一起出去钓鱼，孩子问:"爷爷，人家都说不要吸烟，可是我班有同学吸烟，看着可酷啦!"爷爷盯着鱼饵，说:"孩子，如果这个池塘里有鳄鱼，你愿不愿意把脚放进去?"

多陪孩子看童话，一直培养他的阅读能力。我们容易感同身受，孩子也是这样。我们都活在每天发生的故事中，我们的记忆其实很多是以图片的形式存入我们的脑海中的。使用形象语言，避免了冲突，引发了孩子的思考，帮助孩子作决定。

6. 说到一定就做到。言必信，行必果，让孩子学习，回应你的所有要求，尤其是对年龄越小的孩子越该如此。

改变的能力

孩子就是我们的"镜子"

每次佳佳父母参加完外面的饭局，回来就一肚子气。饭桌上，佳佳爸爸口若悬河，不知发了多少个"允诺"出去，答应给这个人办事，给那个人解决工作。另外，说起话来，得理不饶人，每次都得罪朋友。妈妈每次都苦口婆心劝他不要说了，饭桌下也踢爸爸的脚，可是他就不听。

其实佳佳爸爸用不了多久，就明白老婆的苦心了。因为佳佳的表现"活脱脱"就是自己的翻版。自己每次规劝他的，他都不以为然，还嫌父母多事。自己答应的事不做，常常在约好的时间不出现或不完成答应好的家务事，每次都"振振有词"。榜样的力量是无穷的，我们要有和孩子一起学习，一起成长的心。真正爱孩子的父母，不应是"孝顺儿子"的父母，而是改变型父母。

伟伟的妈妈就是看到自己心里的问题，下定决心改变自己，情绪才得以控制的。孩子的每一个心态、失误，都是父母的镜子。父母应有一个谦和的心、学习的心，向孩子学习，以孩子为镜子反观自己。一个新的习惯应该产生在父母心里：看到孩子，先自省；在调整孩子之前，先来改变自己；最后才是寻求智慧，解决问题。

记住爸爸的教训

我一直记得我父亲给我的一句话，"要夹着尾巴做人"。初中的时候，我成绩很好，心也浮得高高的。一次考试前，一位"够交情"的同学和我说，"嘿，到时候帮帮忙"。我把卷子很快就交了，也很够意思。看到那位不知怎样答卷的同学，我丢了一个纸团到他的课桌下，没想到逃不过老师的"火眼金睛"。

很快，妈妈就知道了此事，父母把我管教了一顿。气消了之后，爸爸带我到外边散步，切切嘱咐我，要"夹着尾巴做人"。当时，我并不懂得其中的意思，人并没有长尾巴。多年后，我才深深体会，他是要我的"心态"放低了，从骄傲的心，变成低伏的心，这句话伴随了我的一生。

不光是这句话，其他如要勤奋、帮助弟弟、做守法的人等都一直记在我的心里面；而且爸爸那正直的人品、认真负责的形象也都一直影响着我。

把价值观活化在孩子心里，是父母必须积极做的一件重要事情。因为，如今这个社会，孩子们每天接触的媒体、朋友，都在释放价值影响力在他们心里。由于在生活的冲突中，孩子面对某些事产生了错误的反应，慢慢就形成了错误的习惯，所以价值观有对错之分。例如，妈妈责备他，但他的反应是妈妈不喜欢我了，渐渐他就会有一个思维模式——只有做好，妈妈才会喜欢我。

坚固孩子个人生活理念、信条

父母的打骂、训斥都会留在孩子的记忆当中，那些不愉快的场景也会随着时间的推移，压在孩子潜意识当中。负面的，会成为"定时炸弹"，在一个特定时候爆炸出来；正面的，会积极影响他们的一生。我们没有办法保证孩子的世界"天色常蓝"，即使是他们在我们身边生活；但是，我们可以帮助孩子在心中建造一个价值体系，他们的任何问题、任何难处，都可以回到心内，思考体会，找出答案。

开始，他们对于我们给的价值观和生命规律半信半疑，但是随着时间的推移，生命的成长，他们会摸索出自己的生命架构，生命的价值在传递中倍增。

因而，孩子四岁以后，就可以教他们一些朴素的价值观，这一时期多用故事。到七岁以后，他们就可以背一些价值规律了。虽然孩子还不大懂，但是这些生活里所累积的生命规律，有一天会支撑住他们要倒下的身体和意志。这些记在他们脑海里的"黄金法则"，也有一天会长成孩子自己的生命架构，形成营养，供应他们自身的需要。

除了前面几章所陆续提到的，例如，忍一时风平浪静，退一步海阔天空；多言多语难免有过；智慧子听父亲教训，聪明儿女尊重母亲；凡事都有定期，万物都有定时；你手所当做的，要尽心尽力；好酒贪食的，必致贫穷；常常责备自己的人，往往能得到他人的谅解；良药苦口利于病，忠言逆耳利于心；一个人的快乐，不是因为他拥有得多，而是因为他计较得少；改变自己是自救，影响别人是救人；你希望别人怎样待你，你也要怎样待别人，等等。

价值观在人心的层面，当自然地进入思想、性格的层面时，它应该散发的是果子的香气，而非条条框框。孩子的心很单纯，家长要把握当孩童还小的时候，在他心里为他们播种好种。当然，心灵是很脆弱的，在播种时，家长也要努力经营"亲密关系"，与孩子的关系胜于讲道理。

保护孩子的心

5~12岁的孩子，都可以做一个游戏。请女孩子们做成无数个纸环，男孩子们捡一堆石头。如果女孩子今天和谁生气了，就套一个纸环在左手上，又生气了，就套一个纸环在第一个纸环上。男孩子如果发一次脾气，就丢一块石头在书包里。老师和同学约好，一个星期后再讨论。

开始，孩子们都异常兴奋。女孩子学校里左手套了一个，回家和妈妈生气又套了一个，慢慢就发现虽然是左手，但是也很不方便。男孩子越背越沉，每天背书就够沉了，还要背着这些石头走来走去……一个星期后，孩子们都耷拉着脑袋，老师请女生把纸环的另一头套在右手上，请男生背着书包听课，孩子们更累了。

"这些情绪好像是不肯放过别人，其实是给自己上了枷锁；这些石头，其实每天都在我们的心里，因为太多气愤了。"学生一听，都明白过来了。课程的最后，老师请女生把代表生气的一个个纸环撕下来，请男生把代表一次次脾气的石头丢得远远的，孩子们的心释放了。

父母和老师告诫、教育孩子，目的是使他们的心被保护，因为很多思想、话语、行为都是从"心"这个土壤孕育出来的。如果心被伤了，裂痕加深，别的污秽、细菌就容易进来。比如漫画、电影、电视中不健康的情节就会在孩子脑海形成记忆，干扰他们。正确的价值体系，在心中保守孩子的心少受污染，因为心灵健康决定了他们一生的幸福。

面对自己的心

我们的心会告诉我们所有的事。楠楠如果面对自己的心，就会发现说谎的原因是因为不喜欢妈妈唠叨。他说自己肚子痛，躲进房间。虽然知道心里怎么想，可是总有办法逃避，结果是妈妈也没有机会听到儿子的心声，却一整夜都在担心楠楠。

小一些的同学们每天都在和人生气，并且承担着后果，但是却忽略心里的不舒服，每一天"照常"生活，直到生出"病"来，有了一个生气或不饶恕的坏习惯。

佳佳和伟伟打架的事也好，楠楠说谎的事也好，家长有时不必要急于解决，在家庭沟通机制里先谈，请他们思考，让孩子面对自己的心。这也是使孩子面对同学压力

时，可以保护他们的方式。我们要相信良心的功用，也相信那些根植于心的价值观的生命力。

华盛顿小时候很勇敢。一天，父亲送给他一把小斧头。那把崭新的小斧头小巧锋利。小华盛顿很高兴，把玩着小斧头，爱不释手，他想尝试小斧头的威力，就把后院樱桃树砍倒了。爸爸回家后，非常生气，因为这棵樱桃树是华盛顿的爸爸最喜欢的一棵树。

华盛顿看着爸爸很生气，心里虽然很害怕会被处罚，但是还是鼓起勇气跟爸爸说："爸爸，樱桃树是我砍的！我只是想试试您送我的斧头。"父亲看到他有勇气承认自己的错误，不但没处罚，反而大大称赞："好孩子，你的诚实让我很欣慰，即使是一万棵樱桃树也比不上一个诚实的孩子啊！"

长大后，华盛顿成为美国的开国总统，他的勇敢，除了表现在抗击殖民统治，还在于心中勇于承认自己的错误。如果一个孩子能够面对他的心，勇于认错和道歉，这个孩子会永远活在真实里。当他的心告诉他，而他又愿意勇敢时，就不会像二旺和三旺一样，价值观像"墙头草"；如果哇哇国的人民，都懂得面对自己的心，看到自私对别人和自己的损失，"我愿意别人怎样待我，我也要怎样对待别人"，全国上下就都可喝上美酒。

父母有愿意改变的心，真实面对自己内心的想法和动机，有能力道歉，孩子也容易产生这种能力。借着我们对孩子生活习性的调整，使他们经历面对、道歉、认错、继续努力的过程。这样的孩子容易有安全感，而不会躲闪、逃避。他们的心是柔软的，是好土，是块好料子。

活学活用的应变能力

这个方法合适我的孩子吗

家长不能活学活用，即使懂得孩子心中价值体系的宝贵，也无法把价值观生根于心。父母要经常思考三个问题。

家长要思考的第一个问题是：这个好方法，对别人孩子有用，对我的孩子合适吗？例如，都说一门艺术课可以丰富文化生活，但是对于我的孩子是必需的吗？

我们要有爱真理的心，因为真理带给人生命和盼望，尊重真理就是尊重生命的价值属性。但是真理有绝对真理和相对真理。绝对真理，就是放之四海而皆准的那一类，但相对真理，是指在某些特定场合和条件下，可发挥积极促进作用的道理。

价值观也是这样，例如"家和万事兴"，全家和睦就会兴旺，就是绝对的。"尊重师长"也是绝对的，但是"完全听从师长"就有些相对性了。很多孩子长大工作，下班后领导叫去陪酒，心中非常挣扎，不知该怎么办。其实父母教育孩子"在真理里听从"会有帮助。有些孩子服从领导到一个地步，甚至协同他一起违法犯罪，成为罪犯。另外，某些个人经验颇强的理念，就更要留意"使用条件"了。例如，"白酒加盐漱口可治牙痛"，但是对酒精过敏的人就不合适。这类个人因素下的生活经验，不宜当作真理来使用。

有没有更好的方法

家长要思考的第二个问题是：有没有更好的方法？

爸爸拿着明明的考卷那一例，他第一个反应就是怒火攻心，先把他"教训"一顿再说。但是有没有更好的办法呢？如果爸爸发现自己在怒气中，让明明先关在房间想一个小时，思考自己学习下降的原因，然后一起讨论，再因势利导。这样既不用因自己情绪而造成烂摊子，也让明明反省问题。既不影响父子关系，又解决了问题，还培养了明明的反省能力。

即使曾经是好方法，也起到过一定效果，父母也要多多观察孩子，找出时下更切实可行的方法。

如果是别人的孩子

父母要明白"第一反应"和"第二反应"。我们的第一反应，常常都是冲动的，多数是直觉和感觉在指挥我们。但是定下心来，重新审视此事，特别是"跳出圈外"："如果今天是我的同事发生此事，我要建议他如何做呢？"

所以，家长要思考的第三个问题是：如果是别人的孩子，我要如何指导他呢？

在平静中作"选择"的能力是大智慧。父母要多学习和反复练习。又失败了，第一反应又起作用了，又"开吼了"，就赶快道歉认错，重新再来。按第二反应所指示我们的再来一遍，屡败屡战！

可以在平静中选择的前提是有处理情绪的智慧。佳佳和伟伟打架后的处理，让他们安静想想，会有利于孩子之间问题的真正解决。

常用问句：你觉得呢？

父母除了要经常思考这三个问题外，还要常用一个问句：你自己觉得呢？

孩子多数都有一个习惯——问妈妈，"妈妈，我……可以吗？"。就像这位小朋友，拿着已被咬了一口的饼干问妈妈："妈，我可以吃吗？"

从这个例子，我们可以看出，其实孩子早就有想法了。她试过了，她想吃。她是有想法的。

我测验过几个父母，他们的反应是不一样的。有妈妈认为我会回答她："可以吃呀！"有些妈妈会如此反应："谢谢你问我，下次这种小问题，就不用来问了。"有妈妈告诉我，她女儿就是这样，都二十多了，常当着很多人问她，好丢人，难道妈妈连吃一块饼干都要管吗？还有的妈妈说："都吃了一口，还来问什么？"言下之意，下次应该不吃之前就来问。

其实，都二十多了还在问的孩子，一定是脑袋里有太多"应该……""不征求同意就做不乖"，小时候一定有太多"你不许……""不可以……"的教导。

很多父母都希冀自己的孩子可以思路顺畅，表达流利。但是如明明一例，支支吾吾，一问三不知，不沟通还好，越沟通越生气。孩子怎么会变成这样呢？其实，是父母"剥夺"了他们的机会，如果在孩子问我们时，我们多说"你觉得呢？"让他思考，给他机会表达，他的价值观会更清晰，真实地生根于心。

孩子的情况是瞬息万变的，真的是计划赶不上变化。但是如果父母有应变能力，活学活用，会使教育有声有色，价值体系就会"量身打造"在孩子心里面。

用什么撑起孩子的未来

预警能力

什么叫安全

如果把父母希望孩子成就的清单列一列，会有成功、幸福、健康、快乐，等等；但是当父母摸摸自己的心后会发现，孩子平安才是最重要的。特别是孩子长大出去上大学、出国进修之后，爱孩子的父母都知道，挣不了大钱没关系，重点是别出事，要安全。

一种安全是生活上的安全。"出门记得锁门""过马路要小心"，连孩子都结婚了，挂电话的最后一句，都是"看好火，别忘了关煤气"。另一种安全是心理上的平安。他会不会把自己累过头了？他会不会说话得罪人了？这些安全意识都可以从小培养。

佳佳妈很爱孩子，只要孩子有需要就出现，但她的做法，却使佳佳"越来越没有良心"，同时佳佳爸也是继续到处"开空头支票"。所以，本来一直怪儿子不听话，先生不听劝的佳佳妈妈，突然意识到，自己对这些问题也是有责任的。

心理上的安全，父母要从自身做起，使孩子学着成为"有安全界限的人"。

为孩子立界限

父母自己成为有界限的人，也帮助孩子成为有界限的人。《为孩子立界线》(*Boundaries with Kids*，亨利·克劳德博士和约翰·汤森德博士合著)指导我们教导孩子讲出自己的界线，特别是教导孩子可以对人、对事说"不"。

我们刚刚开始和别人起冲突时，很难知道该讲什么话，几次以后，就学会该说什么。但是你可以先教导孩子，在他和别人起冲突的时候要怎么说，或甚至用角色扮演的方式来教导他，让他知道必要的时候该如何讲出自己的界线。

因为他们会遇到许多同学的压力、伤人的孩子，以及在游乐场里品质恶劣的人，如果他们先做好准备，就会好过一些。例如"不要！"，教他们用什么语气和态度来说这两个字。

"不要，我觉得不舒服！"

"不要，我不要做这种事！"

"不要，我的父母不准我这么做！"

"不要，我知道别人的隐私是不该乱讲的！"

"不要，我不喜欢吸烟，吸烟有害健康！"

这些话听起来很简单，也有些老套，但有些孩子需要事先知道这些说词，也需要一些练习来知道如何说出来。你可以和他们做角色扮演，或为他们找一些会强调这类界线的环境或团体，让他们有机会练习。

模拟训练

孩子的选择决定了他们一生的幸福。家长应积极主动地寻找案例、模拟场景，教给孩子使之在新的情况以及家长不在的情况下有判断力。

例如，遇见绑架怎么办？讲一些例子和故事，比如一个女生被绑架后，她和绑匪说话，她的话如此打动人心，最后被绑匪释放。遇见匪徒怎么办？快速离开现场保护自己，记住罪犯特征等。遇见抢劫怎么办？损失钱财不要紧，重点是保住自己不受伤。

　　　　　　　　　　　　　　　　用什么撑起孩子的未来

这种能动的训练是非常必要的。对于可能产生的问题，给孩子多做一些练习，和他们通过讨论，积极地、主动地设下了正确的人生观和理念。这个好比模拟考试，用一些实际发生的例子引发孩子们思考，重点是不死板，融会贯通。

留意心的提醒

有人说，"女人的直觉是天生的"。没有逻辑，没有道理，但不可轻忽。一方面不要"神神叨叨"，另一方面，的确那有可能是个"预警"。

一位友人向我讲述了她的故事，一段时间以来，她心里都一直想和女儿聊聊，可是工作太忙了，跟先生处得也不愉快，所以实在没心情。心里却有几次提醒，她又常常想起来，终于有一天，她在车里和女儿聊了起来。

聊完后，孩子从口袋里拿出两粒小胶囊，对她说："妈妈，谢谢您来和我讲话。其实我这些天压力很大，我的同学给我这个，告诉我吃了会帮助放松，不想这些烦恼事。我今天就在想要不要吃了它。现在，把它给您吧，我不需要了。"

这位妈妈说，"好险，谢天谢地，我留意心里的提醒了，要不然，女儿就完了"。

父母随时的陪伴，对孩子是至关重要的。这种陪伴是一种心灵的陪伴，不是指她写不完功课就陪她，闯祸了，就陪他处理；而是该出现的时候，一定陪伴在他们的身旁。

价值观的宝贵之处，在于它在我们的心里工作。我们心态的调整，才是问题可以解决的基础。只研究外面的，仅掌握技巧，而不面对自己的心，无法解决生命本质的问题。心是一个源泉，里面可以涌出流动不止的智慧。价值观生根于孩子的心中，才是建造的根本。

Part 6

谁在为你的孩子搭建藤架

引言　最好的方法是"播种"

哲学家休谟带着弟子来到野外授课，他指着杂草丛生的田野问弟子："请你们告诉我，怎样清除掉这些杂草？"

弟子争先恐后回答：

"用手拔掉就好了。"

"利用锄头的话会轻松得多。"

"简单，烧掉就可以了。"

"要想除净杂草，必须得深挖才好。"

休谟静静地听完，说："你们用各自的办法来除掉这些杂草吧，一年之后我们再来这里相聚。"

一年之后当弟子们再次相聚时，他们都惊奇于那里的草，葱郁一片，长得似乎更茂盛了。他们想知道除去杂草的方法，然而休谟已经与世长辞了，弟子们翻开老师留给他们的书。书中有这样的话："要想除掉田野里的杂草，最好的办法就是播种。"

很多人感叹现在孩子不好带了。的确，以往上班的双亲要带几个孩子，现在的孩子，几个人带一个，还常常出状况。几十年前唱的歌是"放牛的孩子多可怜"，意思孩子没爸妈，不能上学还要放牛。现在上网看一看，爸妈们的心声是"上学的孩子多可怜"。

父母除了苦恼教育经费外，还要担心宝贝别在街上"被拐"，更不能在学校里"受气"。最让父母担心的是，孩子将来怎样面对这样一个充满竞争和压力的时代？

一个年轻朋友在考虑给三岁的孩子买保险。保险公司有计划周详的少儿保险，上学读书有教育金，毕业后有创业金，结婚有婚嫁金，还有每年的旅游金，甚至包含了养老金。他感叹，孩子一辈子应该不用发愁了。另一个朋友的孩子上小学三年级，她最近纠结的是，要不要再买套房给儿子备着？虽会令自己颇感吃力，但将来孩子却基本生活有保障，而且周围的亲友都买了。

　　父母在为孩子们竭尽所能地预备着，但反观孩子，不听话、顶撞无理、说谎、偷拿东西、不好好学习……孩子的生命中似乎长满了杂草。看看孩子的周围，网络媒体里负面资讯的泛滥，社会风气的颓废背道……面对这满目的杂草，你的方法是什么呢？

时　代

　　每一个时代都有它的局限性，但也都有它成长和成熟的地方。有人把"时代"比作"列车"，无论有多少"叹息"，时代的列车都会按时抵达下一站，让一切的叹息消失在"隆隆"前进声中。时代是个永久的话题，人们似乎很无奈，但是，时代的脉搏，好像又是那么的清晰。时代的价值观常常会在不知不觉中主导了个人的价值观。

时代价值观的浪潮

　　小时候，父母给了我很大的空间去阅读，我特别喜欢读文学名著。小学四年级，学校要求放学后组成学习小组。在我极力的倡导下，我们小组开始了一部侦探小说的集体"创作"。父亲不知怎么翻出我藏起来的写了一半的小说，对我说："还挺有意思的，不过，不能影响做功课。"母亲的评价是"太长了"。一来二去，我的"处女作"流产了。

　　那是一个"学好数理化，走遍天下都不怕"的年代。我父亲是大学物理教师，母亲是中学物理教师，时代的价值观成了他们的价值观，也自然成了我的。而我也很争气，一口气拿下理工科博士，也曾就任于国内、国外知名研究院和电脑晶片公司。

　　过去十几年，总是有人找我聊聊教育，邀我写点什么的。起先我的理念"根深蒂固"，觉得那是文人干的事。一次机缘，帮朋友写儿童品格课程，讲完课后和十几个人反复讨论，乐得不思疲倦。渐渐发现我对此有极大的兴趣。

　　在写作中，我发现找到了那个我一直寻求的"平静"。我的朋友都说，自从开始写作后我快乐很多。我也突然"感悟"到，以前总有人羡慕我，可我并没有由衷的快乐，现在开始写东西，好像心里面的"某种热情"被点燃了。

如同我的故事，时代的价值观成了我父母的价值观，也自然成了我的。我们的价值观好像无法"抗拒"时代的洪流，这些时代价值观像大浪一样，"拍打"着，影响着人的选择。但是"大浪淘沙"，浪头退去后，留给我们怎样的思考呢？

生命的藤架，这个支撑孩子成长，帮助孩子长出自己生命架构的"藤架"，除了父母本身的价值观外，学校、亲友、特别是社会文化和时代的价值观都是这个藤架的组成部分，而这每一部分，都在不知不觉之中，为我们的孩子搭建着"葡萄藤架"，于潜移默化之中影响着孩子的价值观。

教育的宗旨没有变

虽然时代从多个角度在影响着孩子的成长，但是教育的宗旨其实并没有变。一个孩子的内心是否稳定、思想是否健康、生命架构是否坚固，这些因素永远是父母应该看重的。

张蕾8岁那年，父亲失明，母亲不堪重负离家出走。面对父亲和年幼的弟弟，小张蕾担起了家庭的重担。她下地犁田、栽秧，回家给父亲、弟弟做饭，日子过得很艰难。在她辍学一年半后，她获得资助又回到了学校。2004年，她以优异的成绩考入中学。2007年，她实现了大学梦，考入贵州铜仁学院中文系。这期间她做临时工，帮人洗碗，还辅导和鼓励弟弟也考上了大学。

为了照顾父亲，21岁时张蕾决定带着父亲上大学。每天放学后，她徒步去给父亲做饭。利用晚上和周末的课余时间打工挣钱，给父亲买药治病。但她的学习成绩不仅没有落后，还担任了学生会干部。

张蕾的故事告诉我们，虽然背负了很多的压力，但是一个人依然可以活得精彩。环境、家庭背景这些看来很重要的因素，相比起一个坚定和渴望上进的内心来说，都显得不那么重要了。

廖智是四川德阳一所学校的舞蹈老师。2008年5月12日下午，地震突然来袭。经过26小时的煎熬，她获救了，但失去了双腿和最心爱的女儿。随后不久，她深爱的丈夫，也离开了她……

年仅24岁的廖智有一万个崩溃的理由，但她选择的是坚强到底。汶川地震后，靠着假肢重新站起来的她，走上了增加他人价值感的道路。她曾以舞蹈《鼓舞》感动了无数人，在央视《舞出我人生》节目上大放异彩。2013年4月，四川省雅安市地震之后，她穿着假肢赶赴灾区救灾的事迹引起热议，被网友亲切称为"最美志愿者"。

廖智说："心灵和肉体差别在于：肉体需索取得偿才能满足，而心灵需付出得当才能满足。只有当你我开始去发掘灾难赋予我们的意义，开始重新认识它的时候，你才能够摆脱恐惧和痛苦，你的生命又将会变得无比的精彩。"

我们当然不愿孩子面临困境，而会尽力保证孩子可以顺利成长，但我们无法保障孩子不会遭遇困难和危机，我们的宗旨就是孩子在困难和危机中能够像张蕾和廖智一样，内心可以有坚强稳固的根基，支撑他们渡过困难和危机。

无论是各朝各国的开国元勋，还是像抗击外寇的岳飞这样可歌可泣的英雄，抑或是新一代的"商界豪杰"，也包括张蕾、廖智，你会发现不管时代怎样变迁，任何时期，都会有一群出类拔萃的人。他们没有选择抱怨那个时代，越有时代危机，越有难处，他们选择活得越精彩。

即使世风日下，纵然"流行风"随处"刮起"，父母不能因着时代的危机和变迁，就有了推卸责任的借口。父母永远是孩子的守望者，每个时代都可建造出心灵强健、幸福快乐的孩子。不管别人怎样叹息，新的价值在创造着，在父母的手中。

父母要明了的是，在这一切生命藤架的搭设过程中，父母是主导者。父母需要做的，就是认清当下这个时代的危机与挑战，适应时代的发展，调整自己的技巧，仍然充满爱，在智慧上长进。我们所要做的，不是只花精力在除草，而更要专心地"播种"。

把脉我们的时代

时代的危机

一个"快"字，可以代表现今这个时代。以前需要几天熬在图书馆里才可以找到的资料，现在只要按几个键，智能手机或电脑就可以告诉你；过往需要精心准备的三餐，现在随处的快餐店和外卖就可以代劳；早年出差要倒几次车，搞卧铺票才可以到达，现在坐飞机、乘高铁就可快速到达。连妈妈们对孩子的口头禅也变成了"快，别磨蹭""快点吃""快点写"。"快、快、快"不知不觉也进入了教育的各个环节。

打字速成法、草地果园速成法、20天英语速成法、股票高手速成法、钢琴速成法、减肥速成法等，各种"速成"围绕着我们。任何一个相关领域的专业人士都知道，这些速成法中的确有相当的技巧，但是练就这些技巧，实质还是要大量的时间付出和学习实操，哪有什么"速成"？

这些"快、快、快"所给带给社会和孩子的是"浮躁的社会"和"人心浮躁的一代"。现代的孩子已经不大明白为什么家中挂的照片，还要等显影，是从暗室中冲洗出来的。因为，现在只要手机一拍，马上就可挂到网站和朋友分享。他们耳中充斥的"一夜暴富"的故事，眼睛看到的是明星的"一夜爆红"。他们脑袋里思考的或许是："我还需要努力吗？"

在这个浮躁的外衣下，孩子们并不思考深层次的问题，他们认为"太累了，想那些干吗？"。有些孩子口袋里有用不完的零花钱，自然也不用担心没饭吃，他们关注的都是别人有的我也要有，没有就怪老爹，不是拼自己而是"拼爹"。年轻孩子不多思考"长远的问题""未来的道路"，因为心是浮的。

这些浮躁的现象，给当今的时代带来的危机。首先就是"物质决定一切，金钱至上"的肆虐。看重钱过于关系，甚至这一幕幕上演在本来应是以"爱与和谐"为基础的亲子关系、家庭关系上。物质主义抬头的危机就是世风日下，定义人的价值不再是潜能、影响力、创造性等，而是钱和"标价"。

看重赚钱过于品格是要不得的。如只要能考上大学，成绩优秀，将来能有工作就好，孩子因着"作弊"初期的"不安"，和用非法所得初期所有的"惊慌"，都会轻易消失在父母的称赞声中。当一个没有品格的"成功人士"掌握了资源，对时代、国家、家庭所造成的损失是更大的。

其次是暴力、负面、不满、色情、复仇的气氛弥漫。媒体、网络有太多负面、暴力、血腥、色情、灵异、复仇、引人上瘾的因素。英国有一种营会，专为电脑上瘾者"诚"电脑而设立。参加营会的年龄从四岁到青年，父母付上惊人的费用，只是希望使孩子可从网络的"束缚"中脱离出来。这种离开电脑就不安、焦虑，影响生活的病，被称为"电动障碍症"。

最后要说的是这个时代的信任危机。太多负面的新闻和消息，一直散布者"害怕"的味道。老人摔倒，没人敢扶，怕被讹上。孩子被告知"不要和陌生人说话"。人与人之间存在着令人揪心的"信任危机"。

危机所启示的

无论是对钱的看法、负面氛围的笼罩，还是信任危机，根本上可说是价值观的危机。这个危机表现在人心内的渴望没有满足，思想和心灵处于空虚状态，以致用物质来填补。我们作为父母要思考：

1. 我是否在"快快快"的里面，希望以速成法带出杰出的孩子？

2. 孩子现在所看的、所说的，是否和我们要给他搭的藤架不一致？

3. 怎样在智慧里的引导，以爱呵护，把这个时代带给孩子不对的，变成对的？

4. 我的孩子在吸收什么样的价值观？渠道是什么？

一个妈妈的心声：

我发现孩子爱看电视不写作业，其实和我的教育有关。孩子四五岁时，我要做事，怕她闹，就把她丢到电视机前。每次她只要看到电视节目，就不哭了。我也很庆幸可以"稳住"她。可是上小学后，就发现不对了，这个孩子不开电视不写作业，不听音乐不做事，她已经离不开电视了。

每次我不论怎样哄她，规定她写完功课再看电视，或是用礼物，发现效果都不好，她不是糊弄着赶作业，马马虎虎，就是谎说没有作业，还有的时候"发飙"，耍赖。

我和他父亲讨论后，作了以下的调整。

• 我们夫妻在孩子学习时也不看电视，那个时间是大家一起学习的时间。孩子看到榜样很容易"服气"。

• 每天规定看电视的时间量，例如一个小时，请她自己选择自己喜欢的节目，就允许她在那个时间看。这样她会精挑细选出质量高的。

• 根据她的表现，在周末和假期适当放开时间。如果有在教育中的问题，就用"减少观看时间"来约束她。

麦田里的麦子和稗子是一起长的，因此也不可急于拔出稗子，只要播种并呵护，等到收割的时候，麦子和稗子就要分开了；免得急于拔出稗子，麦子也被一起拔出。

父母需要做的不是时时盯着他，而是留心看护他，让孩子可以健康成长。生命藤架的搭建不是一朝一夕的，父母必要对时代有清醒的认识，不随波逐流，但亦要适应时代的改变。

跟上时代的步伐

这是一个飞速发展的时代，首先，科学在进步，人对自我和世界的认知更丰富了。其次，交通更发达了，地球更小了。以前出一趟国多难啊，但现在似乎大洋彼岸也是探触可及的。另外，新时代孕育更多的英雄。父母不要把"时代没落了"挂在嘴边。或许有些领域在这个时代没落了，但是仍然有新鲜的榜样，活泼的见证人。

以中国为例，借助于国内三十多年前开始的改革开放，新一代的创新意识正在加强。他们易于吸收新鲜事物，好奇别人成功的经历，虽有时满腹牢骚，但是对自己有信心，向往幸福的生活。各国的互动增加了，彼此的价值观在影响中开始改变了。

现代科技在快速发展，各类研究也渐进完善。心理学、品格论、关系学等与教育相关联的课题，研究越见清晰。随着时代的发展，父母应时常更新自己，充实自己，扩大自己认知和交往的范围。

18世纪，有一群科学家不相信飞机的构想，他们认为这是无聊的幻想。当时美国一份颇有影响力的科学月刊评论说："飞机实验是在浪费时间和金钱。"一周后，怀特兄弟在北卡州把他们异想天开的想法付诸行动。尽管有了开始，但专家们仍抨击不断。第一次世界大战法军最高统帅马歇尔·福克（Marchall Foch）看了飞机的展示后表示："作为运动还可以，但对陆军毫无用处。"

我们现在都知道飞行员属于空军，那是从陆军分出来而成立的。

父母要跟上这个时代的步伐，就要有开放的心态，喜欢研究新鲜事物，捕捉到新时代所带来的新载体，并且利用到自己的教育中来，让新时代的产物为自己效力。

其实，**每个时代都好像一个银行，上一代人将珍宝存进去，新一代的人检视这些珍宝，丢弃那些不再需要的，运用留下来的创造新的财富。教育孩子也是这样。每个世代其实都在完成这个保存、检讨和创造的过程。**有两个字对此是最好的描述，那就是"改变"。父母自己愿意改变，丢掉过去的经验或传统。不把旧价值观硬套在孩子身上，不拿"我们那时候怎么样"来约束孩子。

尊敬长辈和尊重他人是我们要教育孩子的内涵之一。早年见了长辈需要叩头或鞠躬，祖父母进门要起立，现在的社会我们不需要教孩子这样做了，但仍需要让孩子明白尊敬长辈。

价值观随着时代发展，也会有新层次的更新。"改变"已成为这个时代的标记。道路在改变，环境在变化，人的心意也要更新。

丁丁爸爸年轻时学的是核化工，渐渐他发现自己做这行已越来越没兴致。本来他对画画很感兴趣，但是他的爸爸认为，画画能挣几个钱？很多画家卖画为生，还喂不饱肚子。丁丁爸爸在四十多岁的时候，终于有一天"大彻大悟"，开始旅游作画，虽然没有高薪保障，但也赚得一个遐意人生。而且他告诉丁丁，他一定会让儿子选择自己喜欢的专业。

"代沟"是时代的流行词，好像"父母"和"孩子"之间有一条不可跨越的鸿沟。丁丁的爸爸从自己的成长经验而可以调整思想，不再做"壕沟"的制造者，而要做孩子与时代之间的健康"桥梁"。

父母要做主导者

天生我儿必有用

周杰伦来自一个破裂家庭。1979年1月18日，周杰伦出生在台北市一个普通的家庭。回忆起他的小时候，妈妈用了一句"感谢老天把他赐给我"，充分体现出她对这个宝贝儿子的爱。而周杰伦也曾说："只要妈妈高兴，我愿意为她付出一切！"

妈妈叶惠美是小学美术老师，为了培养儿子的音乐素质，妈妈拿出全部积蓄，背着丈夫为儿子买了一架钢琴，杰伦爸对妻子"孤注一掷"的做法嗤之以鼻。渐渐家庭里的温馨越来越少，争吵越来越多，周杰伦十四岁那年父母离异。

周杰伦的功课很糟。连普通高中也没考上，前途一片黯淡。除了音乐成绩出类拔萃以外，其他科目几乎全线红字。老师们认为他智力低下，他的英语老师甚至直言不讳对叶惠美说周杰伦有智力障碍。叶惠美深信自己的孩子没有智力障碍，她尝试用姐弟式的关心来"驯服"周杰伦，规定自己"三不"：不唠叨、不指责、不胁迫。

果然如老师们的预测，周杰伦没有考上大学。叶惠美感受到了杰伦的音乐潜能，她替儿子在台北星光电视台娱乐节目"超猛新人王"报了名。性格内向的她鼓起勇气找到主持人吴宗宪，把《梦有翅膀》的曲谱拿给他看。吴宗宪改变了主意："这孩子还可以，明天叫他到我公司来上班！"

周杰伦很快创作出大量的歌曲，但让吴宗宪感到不可理解的是，他创作的歌词总是怪怪的，音乐圈内几乎没有人喜欢。但他被这位小伙子的勤奋和天赋深深地感动了，他嗅出周杰伦的歌曲隐隐有一种味道，有一天，他说："阿杰，如果你可以一周写出50首歌，我就在中间选10首，让你自己出专辑。"

老板的话刺激得周杰伦兴奋不已，他打电话告诉妈妈后就跑到街上买回一大箱方便面。周杰伦熬红了双眼如约写出了50首歌曲，而且每一首都写得结构合理，谱得工工整整。2001年初，周杰伦的第一张专辑制成，公司对这张唱片没抱多大希望。然而《杰伦》横空出世后，犹如一场台风横扫台湾，很快被歌迷抢购一空。

叶惠美更是百感交集，当年丈夫的讥讽、老师的摇头、生活的艰辛似都随风而去。叶惠美退休后，周杰伦总担心妈妈寂寞，只要在台湾，他都回家同妈妈住在一起。周杰伦的第四张专辑叫《叶惠美》，这是儿子献给母亲的礼物。

这个别人看来前途黯淡的周杰伦，如今成为歌坛巨星。按照这个时代流行的价值观，上不了大学前途肯定是无望的。但杰伦的妈妈可不这样认为，天生我儿必有用。我们从杰伦妈妈身上学到的是，不要怕时代，不要被这个时代的价值观卡住。

另外一面，是要利用时代的特色，这个时代音乐人那么多，训练那么丰富；不只音乐，其他领域也是。父母要做教育孩子的主导者，应该一直关注"我的孩子有什么价值？"，并把它挖掘出来；就像杰伦妈妈一样，她感受到他的潜在特质，相信他，鼓励他，陪伴他成长。

父母作为主导者要把控的

父母作为主导者，需要刻意营造健康的生命成长环境，就好像小树苗要松土、施肥、防虫害一样，保障了价值体系可以持续发芽、生长、开花、结果。

认出被误用的美德

误用的美德，即价值观错误的理解和应用。父母可从孩子在意的人物形象上，和孩子一起分析他们的品格点，特别是从缺点当中辨认原有的美德特质。

· 　父母要有欣赏的眼光，常看出孩子"被带坏"的行为背后误用的美德。留意从孩子回到家的言谈行为，任何情况永远可以从中找到值得肯定的部分，尤其是要肯定孩子的心。

要多和孩子采用讨论的方法。例如孩子要买这个买那个，不要一概拒绝，"又要花钱"，当然也不可完全照办。要具体情况具体分析，让他说出理由，然后分析讨论。

美德	被人误用的美德（缺点）
渴望	自私的竞争；空洞的野心；诡诈
自信	自负；趾高气扬；气势凌人
合作	让步；从容；缺乏主动
勇气	任意妄为；粗鲁无礼；厚颜无耻
创意	恶作剧；花言巧语；做白日梦；旁门左道
有效率	完美主义；爱挑剔；严厉；没有耐心
公正	举棋不定；感觉迟钝
节俭	吝啬；守财奴；一毛不拔
爱整洁	完美主义；吹毛求疵；无法忍受
忍耐	默然；好好先生；不在乎
坚持到底	顽固；没有弹性；自我很强；刚愎
敏锐	太敏感；易怒；太激动

多用幽默诙谐的方式，且多从正面疏导

在回应孩子尖锐莽撞的要求或问题的时候，尤其应多用幽默方式。

磊磊："我要烫头。"爸爸："哦，我们家要多了个卷毛狗狗了。"磊磊明白了，就作罢了。第二年，磊磊依然执著"我要烫头"。妈妈问了原因后，没想到过了一年，竟然说不过他，那最后"双方"讨论达成妥协：暑假期间烫头，开学就恢复原样。

尽量使用协谈、沟通做正向引导，避免使用负面词语。父母对年纪大一点的青少年孩子，以父母的权威苛求，是不聪明的做法。在沟通中，尽量做到彼此尊重，公平对待。父母不尊重儿女最常有的表现，就是在说话中贬低他们，比方：

- 你在学校说这样的话，怪不得你的人际关系不好。

- 你还小，懂什么！

- 谁问你的意见了？你乖乖给我听话就是了！

- 这点事也难过，真是太懦弱了！

- 这样就伤害你的自尊了？我像你那么大时，遇见的比你厉害多了。

与孩子沟通的两个秘诀

不被惹动，不生气：父母要认识到维护关系是最重要的。解决人的问题，与处理事情是不一样的。要有理有据，有人情味。爱是基础。

大胆地反问：多用问问题的方式。父母常常把孩子的问题当成是"封闭式"的问题，即只有"yes"或"no"。爱是基础，智慧也是。有时我们可以不必回答他们的诉求问题，而是请他们自己给出解决方案。

用"别人"的故事，说"孩子"的事

父母在建立孩童价值观的时候，要多多取用生活和他人的优秀故事。比如，如果想建立孩子不放弃的品行，可以讲英国前首相丘吉尔的故事，他的人生名言是"永不放弃"。故事的主人公常常是一个生命很美的人，这会"激活"故事里面的价值观，使其自然地传递。

许多男孩子们对战争故事感兴趣，可先讲一个生动的战争故事，随后启发孩子，

生活中也有无形的战斗，例如心思可能就是一个战场，心思的正面常常决定了事情的走向，将来工作也可能像一个战场，要留意有怎样的人品、能力和策略等。

有时你放下的种子，可能是一句格言，或一个小故事，为孩子描绘出一个观念、道理，可能会成为未来的某个时候，为他们指路的明灯。

黄乃毓教授在其所著《心灵转弯处》中提到她幼年时，平衡感不好，常常跌跤。一次跟爸爸外出，走在平坦路上忽然又跌一跤，她正在爬起来时，她父亲在旁觉得好笑，幽默地对她说："乃毓啊，下次跌跤不要急着站起来，先看看四周有没什么可拣的。"父亲看似玩笑的话，却是放下一颗种子，多年后这句有内涵的玩笑话，在她遇见一些挫折时，给她很大帮助，使她能更正面、积极地看人生。

学校生活

父母要常留意孩童在学校的交友状况，可以从他说话用词的不同、放学未按时回家、神情有异、零用钱的用途等，来留意他是否交了坏朋友，或是遇见校园霸王，甚至是受了性侵犯，等等。孩子遇见这些事，父母应当怎么办呢？其实很难找到一致的原则、绝对可行的应对办法。建议父母寻求老师的帮助，或是找同有小孩的父母，参考他们的意见。

不要轻易为他显露出来的异常样子斥责或嘲笑他，免得他以后遇见事更不敢跟你说。发现孩子跌倒、受伤、被同学打伤、发生车祸、打破东西等，先表达你的关心，而不要立刻责备他。这样，会让孩子喜欢并放心向父母倾诉，跟父母谈心，是建立能在第一时间发现孩子有异常的基础。

若遇见老师对你的孩子不公平，或是做法不好，使孩子受伤害，或是在课堂上传讲不正确的道理，也不要太快去责怪老师。先好好了解状况并沟通，若不能解决问题，也建议你参考下别的家长的经验与意见。

遇见上述这些问题，不要太急着给孩子换班级或学校，免得你的孩子没有机会学习一些功课，甚至成为到处不受欢迎的人。但有些比较严重的情况，确实趁早换环境是比较好的。

健康的伙伴

父母要多观察孩子的话语、反应，留心听他们所讲学校的事，注意他们的身边多有好学、品格端正的朋友。有时，孩子会和"问题孩子"混在一起，不要太快就想把他们拆开，要留意孩子在意什么，对症下药，看他的动机。有时是扮酷，有时是同情，无论如何，要让孩子知道帮助问题孩子，和与他们成为密友是不同的。

平常就应教导孩子交友之道、人际关系。下面这些价值观要常借机说给他们。

• 在意对你好的人，不要太在意对你不好的人。对你好的人是爱你的人，他们如何看你才是重要的；对你不好的人如何看你不太值得看重。当有人对我们不好时，即使是很少数人，却可能占满我们的头脑，使我们成天想着他，不容易快乐，会有负面情绪，甚至伤害了对我们好的人。

• 注意对你不好的人要做的事，不要太在意对你好的人有时做的事，主要的目的是"要防备人"。平常对你不好的人，不要去惹他，也不要走进他的范围；如果不得已，比方他是你的老师、同学，那么当他在场时，你就要警醒，打起精神来，谨慎行事。但平常对你好的人，偶然做了你不喜欢的事，不要生气，因为那是个例外事件，可能是他不小心、无意的举动。应当允许朋友犯错，那才是真实的友谊。

• 交朋友是艺术，不一定要去批评，但可以决定要不要将这艺术品摆在我家和我心中。

• 交朋友像练习打乒乓球，打到你桌前的就打回去，打得有些偏的就想办法救球；对着你身体打过来的攻击，闪开就好，不用打回去；只想赢球的不要跟他打，希望你打到球的才是好朋友。

● 有些人制造敌人，却不制造朋友；因为制造敌人比较容易，制造朋友比较麻烦。

● 如果你想真知道谁是你真实的朋友，只要去犯个错就知道了。那些在你犯错时仍然爱你的人，是真实的朋友。

● 美国国父乔治·华盛顿说："如果你看重自己的名誉，那么就要结交那些有好品格的人；因为孤独一人胜过有坏伙伴。"

● 你可能不喜欢某一位小朋友，要学习忍耐，不要批评他，更不可号召别人一起排斥他。那不是调皮，而是很不好的事。学习接纳我们不喜欢的人，是美好的品格。

● 以你的家、班级、学校为荣；当别人嘲笑或批评你的父母或老师时（即使他们不完全，有时也令人讨厌），你不跟着做，反而说赞赏、支持他们的话。在家里或班上，也常支持他们说的与做的事。

● 不要随同学或媒体或网络说脏话，或骂人的话，像白痴、智障……即使你没这意思，只是习惯性地顺口说，还是不要说出口的好。

● 现代小孩常有机会在学校里遇见有特殊状况的同学，像ADHD（过动儿）、强迫症（洗手洗很久，用怪异方式走路等）或盲人，要尽量用爱与温柔对待他们。

使用健康游戏，接触健康媒体

游戏不是都没营养的，有些人士和公司志在产出健康游戏的产品。选购这些游戏，并利用游戏时间和孩子多多沟通，启发孩子。

把故事用好，结合图画书，结合电影，常常问孩子，"你看了这本书，有得到什么?"带他们去看电影，问他们看了电影之后学到了什么。这样会帮助孩子，自己将来主动去读好书、看好电影，接触健康媒体。

在这个媒体越来越发达的时代，帮助孩子树立良好自信心，摒弃不良文化的影响。这样孩童会持续建造对的理念和价值体系，会主动吸收健康的精神食量和物质资讯。在孩童小的时候，就把这些理念传递给他们，等于建造了一部价值观发动机在他们里面，使孩童有鉴赏力、分辨力

我们要播下的种子

1. 安全感和家庭归属感

爱孩子的第一要点是了解孩子的心理状态。他是不是快乐？他情绪是不是稳定？他有没有跟班上同学打架？他喜欢吃什么？生活的细节常常决定了孩子是否感到安全。现代的社会，由于环境的改变，人与人关系的匮乏，还有不法的事增多，父母需要格外结合新的时代的特点，给孩子安全感，令自己无论何时都值得孩子信任。

有一位父亲跟儿子在户外玩。儿子爬到墙上想往下跳，他让父亲在下面接住他。在他准备跳下来之前，父亲跟他讲了一个故事，这个故事中也有一位父亲跟儿子。故事中的父亲是美国的一个富翁。

这个富翁的儿子有一天爬到一面墙上往下跳。这位富翁张开双臂在下面等着接住他的儿子。可是当他的儿子跳下去的时候，这个富翁却闪身躲开了。富翁的儿子摔在地上，一面哭一面很困惑地看着父亲。这时候，这个富翁跟他的儿子说：我让你跌一跤是为了让你学到一课——这个世界上就连父亲有时也未必信得过，何况其他陌生人。

讲完了富翁与儿子的故事，这位讲故事的父亲也伸出双臂，对儿子说：来，跳下来吧，我会接住你。这时儿子心里不安起来，这个故事已经令他内心产生了怀疑与犹豫。父亲连声催促他。于是儿子咬咬牙闭上眼睛跳了下去。他以为会摔在地面，但当他睁开眼的时候发现自己躺在父亲的怀抱里。他父亲跟他说：我也想你学到一课——

连陌生人有时你也可以相信，何况是你的父亲。

起码的信任感是要根植在孩子里面的。不然这个孩子会六亲不认，丧失良知，信任感是构成同情心的根本。而同情心又是孩子人性化的必要组成。父母待孩子太严，或设立界限过多，可能会危及孩子的信任感，长大后会缺乏对家庭的归属感。

父母的责任和使命，是旁人无法取代的。长年打工在外等与孩子不生活在一起的父母，要想到一些弥补的方法，或者增加相聚时的互动质量。现代生活，多数父母非常繁忙，孩子或许与保姆、公婆更亲密，或许独立住宿，这其中有父母的不得已，但的确是非常遗憾的事，因为与父母的亲密是构成孩子信任感的主要因素。

增加信任感，是增加家庭关系纽带的关键。不要轻易放弃任何一个孩子生日、学校家长会、汇报演出、毕业典礼等，这些也是和孩子建立信任感的机会。在这些场合父母的出现都使孩子感到安全，父母积极参与，都使孩子在心里踏实，并易产生家庭归属感。

2. 人文素养的培养

虽然媒体和网络中不乏健康的、向上的，但是父母要特别留意孩童所浏览的书籍、传阅的画报和相近的朋友常去的地方，避免有淫秽的、暴力的、有自杀倾向的作品。发现问题，要根据具体情况，正确地引导。

帮助孩子在读文学作品时，有鉴赏力和分辨力，欣赏艺术品时有对美感的吸收，敏锐于生活的变化和美好的事物。父母有时可以和孩子同读一本书，孩子会认为："我读的，爸爸也读，好愉快哦！"

3. 社会也是课堂

现代生活人群关系复杂性增加，其中不乏行骗的、拐卖儿童的等恶行。一些预备的教导、教育、场景的模拟，要有智慧地和品格教育结合起来。教导孩子有智慧，不盲从；警醒但不怀疑一切。让孩子学会注意安全，注重有伴而行，发生情况随时向父母老师报备。但不可警惕过度，草木皆兵，使孩子害怕与人交往。

4. 规避"虚浮"

一夜成名、一夜暴富的事的确时有发生。机会是重要性，可是机会总是临到那些预备好的人。坚固的生命架构才能撑得住荣耀。

加拿大蒙特利尔市77岁的卢西安·诺尔特买彩票中大奖，获得1690万加元。但从此之后他却厄运连连——先是被邻居骗走了500万加元，不久妻子离婚弃他而去。接着卢西安和邻居因奖金开始打起官司。再接着，儿媳溺亡，16天后儿子被汽车撞死……

事故发生后，卢西安悲痛欲绝："这一悲剧让我的心彻底碎了，我曾拥有一个幸福的家庭，但现在老婆没了，儿子和儿媳妇也遭遇飞来横祸死了。如果时光能够倒流，我真希望自己从来没有中过奖。"

其实钱本身并没有问题，但是如果价值体系不健全，一些基本的规划钱财、管理人生的生活技能没有落实在一个人的身上，即使有好运临到，这个人也无法承载荣耀。勤奋加机会，是我们要灌输给孩子的成功哲学。

父母不是一味强调"爱钱的危害"，当然更不要夸大"钱财的魅力"。教导孩子要学会把握机会，注重脚踏实地、不追逐虚浮、会思考、有钱财管理和规划的能力。**父母要看清当前满目物质至上的杂草，自己要有清楚的价值观念，以预备孩子成为一个可以承装祝福的"器皿"。**

5. 同侪关系

同辈的影响力对孩子非同小可。同侪压力有其正面的意义，例如朋友间发自爱心的彼此提醒，或是因看到同辈辛苦付出而有好成绩时而带来的动力。

父母帮助孩子规避同侪压力的方法，一是教孩子合乎中道地看待自己，再次审查自己的水平，并立志刻苦向上（并不是被比下去）；二是明了同侪压力多是因着自我形象不好而引起的，父母要持续播下关爱和肯定的种子；三是教孩子有界限，敢于说"不"。

几位高中生一起去买东西，其中一位看上一件喜欢的，而若几个同伴都说不好时，这位同学多半会放弃。这也可以说是一种从众心理，在青春期的孩子身上表现特别明显。有些孩子打死都不提自己被同学虐待的事实，其实就是迫于同侪压力。

面对同侪压力中被欺辱的部分，家长要有智慧地引导孩子说出来，可以用"角色扮演"的方式。树立孩子的自信心，如果孩子可以自己解决，就为其打气；必要时，也可直接介入。

6. 沟通的重要性

随着手机、平板电脑等各种智能产品的风行，人与人之间心灵的沟通，却反而越来越少。父母要做的，是从家庭开始，就预备沟通的基础，比如真诚和爱。允许孩子自由地表达情绪，同时引导他们要善于沟通、勤于思考。特别是在家庭中培养幽默和欢笑的气氛，因为欢笑是融洽人与人关系的捷径。

门口，两个工人正在奋力地推拉着一个大木箱，他们又是拉又是推，直到精疲力竭，箱子却一点都不动弹。最后，在外面的那个人说道："我们最好算了，我们绝不可能把箱子搬进去。""什么？把箱子搬进去？"里面的人叫道，"我还以为我们要将它推出去呢！"

有些孩子喜欢逃避到自己的世界，加上学业压力大，很容易陷于不沟通的机械生活模式中去。父母要刻意"播种"，引发其多想、多笑、多说。

7. 注意亲友的互动

英国数学家Alfred North Whitehead说："年轻人最深刻的定义就是：你的生命尚未被悲剧触摸到。"悲剧或苦难常使人提早成熟，就像张蕾和廖智的故事，所以，其实

父母不必致力于为孩子提供最理想、最美好的环境。

现代父母最大的心愿，常常陷于为孩子预备充足富裕的物质生活。就像本章开始的父母一样，为孩子买保险、买房子、雇佣保姆、预备最好的学校，等等。这些都是好的，但是，像前面几章我们所反复阐述的，父母更要注重播撒价值观，预备孩子心灵的成熟。

父母除了自己多加注意外，还需要精心维护孩子与亲友的互动，因为他们也是生命藤架的搭建者。

建造孩子的健康朋友群，建立辅导师，和亲属更多正向互动，都是对孩子的引导渠道。这些人可以是亲戚、叔伯阿姨、同事、长辈等，他会爱孩子，有好榜样，有智慧。独生子女的社会，借着姻亲关系、健康的朋友圈子帮助孩子形成多结交朋友的性情，也是非常重要的。

8. 以有益的取代无营养的

花心思设计一些孩子或全家一起的活动，孩子会觉得有趣，同时也对他们有益处，来取代看电视、玩智能手机、打电动游戏……培养他们对大自然、音乐、艺术、读书、助人等多方面的兴趣，也花时间陪伴他们，然后才有办法规范他们。

培养家庭有"父亲日"和"母亲日"的习惯。如果孩子多跟母亲在一起，要每周有一天定为"父亲日"。父亲可以每周花一天跟孩子在一起，听他讲话，不急着教训他。如果平常母亲和孩子在一起时间短，一周也一定选一天和孩子在一起。如果赶上出差，就一定在那一日有电话或视频。

父母需要经常去学校看看孩子，观察他与其他孩子的互动。带孩子一起去做事，让孩子也观察到父母的为人，看到学校外面发生的大小事情，开阔眼界。

无论这个时代带给孩子什么，也无论孩子的朋友，亲戚传递给孩子什么，父母是孩子的监管人，有权利，也有能力把他们建造得好，使他们有一天可以长大成熟，成为一个令我们满意的"成品"。

父母适应新时代的变化，不保守不老套，积极参与孩子的生活，是当尽的责任之一。不管现代生活如何多变而光怪陆离，我们都可以教育出有良好价值观的下一代。因为拨开时代特色，价值观的本质属性都是一致的，本质都是将孩子的成长搭建在对的生命藤架上。

不要一直致力于克服孩子的缺点，当然这很重要，但更为有效地方法是带领他建立健康的生活方式，引导他去思考。因为当正面积极充满孩子时，那些负面颓废的，就没有位置了。

每当出现问题的时候，父母都要勇于介入，智慧地参与和引导，不要因自己的繁忙，忽视教育孩子的责任。父母应面对挑战，担当主导角色，在时代的挑战中给孩子以智慧的引领。

Part 7

给家长的四封信

第一封信 让我们忧心的孩子的问题

亲爱的佳佳妈：

很高兴和你一起探讨有关教养孩子的问题。

你知道，对于这类问题，我是诚惶诚恐，一是我的经验或许并不丰富，二是孩子是个活泼的小生命，是在发展和变化之中的。我担心我所分享的，一定程度上会帮助到你，但另一方面，却又会"束缚"了你。

我鼓励你的，是坚持观察、思考、预备和调整的模式，不住调整你自己，因为孩子是"活的"，方法实在是死的。还有，就是要有信心，相信我们比孩子活得久，能力比他们强，看问题比他们全面，一定可以"驾驭"这个小生命，并可以成为他们的榜样，成为他们的朋友，成为他们最可信赖的人。

孩子的问题太多了？

很多妈妈都反映，孩子的问题太多了，所以常常觉得被孩子"拖着"走，每日都是新问题，不知所措。其实，照我看来，**价值观体系就好像一棵树的"骨架"，所有的问题，包括孩子向你发问的问题，或是你自己观察到的问题，都可以"拉"回到这个价值体系来回答、处理，这叫做"万变不离其宗"。**

同时，所有的问题，也都要为这个生命最本质的架构来"效力"，也就是说无论"好问题"还是"坏问题"，都是建造这个价值体系的"材料"。父母不应该仅是在解决问题，而要去发现问题的生命拦阻所在，积极计划排除那些"隐而未现"的"问题"，使孩子活得幸福快乐，并且收获生命价值的最大化。

我把孩子的问题分为四类。第一类是有关孩子成长的问题，也就是说与孩子生命成熟成长相关的问题。第二类是所谓"因果"律的问题，有什么样的原因，才会造成什么样的后果。也即"种什么，就会收什么"，父母在和孩子解决这类问题时，只要找出原因，就可以帮助孩子解决这类问题。

第三类是"喜好"类，谈到价值体系中的个人喜好。这三类，每类里面都有5个主要问题。第四类是其他问题，大概也有5个主要问题。四类加在一起，总共就是20个主要问题。既然所有都关乎这个生命架构，无论孩子的问题有多少，如果你可以学习、思考和掌握这20个问题的核心所在，在"爱"里面运作，常常寻求智慧，教养孩子足可以从"焦头烂额"变成"得心应手"。

今天我和你分享的第一类问题是成长类的问题。孩子是一个小生命，生命是需要成长成熟的。外面的体格在长，里面支撑他们的生命架构同时也要长，你不希望你的孩子年龄为18岁，但是里面只有4岁吧？你以为是在对待一个成人了，可是他用哭闹、冲动、耍脾气来回应你。先不要生气，因为你安静想想就会发现，你正在和你4岁的儿子互动。原因很简单，他的里面没有成长成熟。

明白成长类问题的关键是改变看待他们的眼光。从孩子一出生，就尊重他的生命，看重他的成长，把他当作一个朋友。幼小的时候，扶持和帮助他；少年的时候，肯定、开拓和管教他；青年的时候，支持鼓励，为他出谋划策，做一个他可以随时找到帮助、安慰、智慧的朋友。要有"这个孩子不是我私有财产"的信念，孩子是社会的、属时代的，但又是我们家的"产品"和"代表"。

用什么撑起孩子的未来

惧怕萦绕着孩子的心

成长类的第一个问题，就是关心孩子的惧怕，孩子都怕些什么？孩子最害怕什么？

不论是大人还是孩子，人的心里充满着各式各样的惧怕。孩子由于心智弱小，还在学习适应环境和学校，心灵中更是有挥之不去的惧怕。有些孩子怕黑，有些怕吵，有些恐高，有些怕老师怕人，有些怕同学不理自己，有些怕孤单，有些怕人多，有些怕猫狗，有些怕说话……

孩子怕的，有些可能不是现在有的，"记忆"也会"帮助"他们。例如，妈妈见孩子一哭，就吓唬："你再哭，警察就来逮你，把你关到监狱里！"孩子马上就不哭了，妈妈还以为此招奏效了。可是这个孩子长大后，内心会有莫名的害怕和焦虑。还有怕丢人、怕别人不喜欢自己等，多是后天教育给孩子带来的阴影。

要留意孩子心中都在害怕什么。每个孩子怕的内容和对象是不一样的，有天生带

来的，有后天在教养中造成的。不过，多数孩子小的时候最怕的，是害怕失去父母。这是"血浓于水"的见证，也应唤起父母对培养爱和信任关系的重视。

心中有爱，胜过惧怕

惧怕是心理问题，需用心灵的慰藉解决。爱和滋润心灵的肯定安慰，是对付惧怕的法宝。

如果孩子惧怕父母离开自己，就要常拥抱，并告诉他："无论怎样，父母都爱你。""你做错了，我会管你，但我心里就是爱你，喜欢你。你学会改正错误，妈妈会更开心。"要让孩子有爱的安全感。无论如何，避免用威胁、贬损或断绝关系的话，来迫使他们就范。多说滋润人心的话，通向人心"爱是最短的路途"。

你提到你的孩子很怕人，上课也不敢正视老师，更不敢回答问题。虽然你常常鼓励他，但仍是时好时坏。其实，生命的成长就是起起伏伏的，除了教会他自我鼓励外，每次他愿意尝试，你都要大为赞赏，给他累积下一次勇敢的力量。

有时，你也要使用"陪伴"。我有一次去朋友家做客，孩子的父亲带着孩子一起在门口迎接，虽然那孩子（大概八九岁）时而低头看自己的脚，时而想跑开，但父亲却坚定地用手搂着他，教他说欢迎的话。孩子突破了，就会胆壮起来。

惧怕有时是一个保护，例如害怕会使我们离开悬崖边，怕火会保护我们免受烫伤和火灾，俗话说，聪明的人看见灾祸就会躲藏，因为害怕殃及己身。所以，惧怕只要有抒发的地方、倾诉的对象，被怀抱在爱中接纳都不会对成长造成困惑。

欢笑是家庭的润滑剂，容易带来正面的影响力，从而克服惧怕。我们要常常关心孩子心里在怕什么，找出怕的原因，并帮助他们胜过。因为我们有"爱"这个法宝，孩子心里有爱有欢笑，就会把惧怕从心里赶出去。

用什么撑起孩子的未来

你是否知道孩子在想什么

第二个成长类的问题，有关孩子的心思：孩子在想什么？

很多父母纠结于自己这个做错了，那个问题没处理好。但是照我看，**教养中最大的失败，是不了解孩子在想什么。我们说我们的，孩子心里想他们的，做他们的。**每天都在带孩子，处理问题，以为我们在"做牛做马"，其实却不知道孩子在想什么，使孩子陷在压抑之中。

佳佳的爸爸常常教训他，完全不许佳佳还口。教训完了会问他："你懂了吗？""下次还这样做吗？"佳佳一定会马上说："懂了""不敢了"。

这样的训话看似成功，其实佳佳或许只盼望了事，然后迅速离开。此方式只会使佳佳养成一个习惯，只要不惹大人生气就好了，而不是对自己做错事的原因及改正的

方式有所认识。

家庭要建立健康的"沟通机制"，应问佳佳懂得什么了，给他时间思考，让他自己说出问题所在。当然开始他一定是重复大人所说的"错误"，但即便这样渐渐会形成他自己思考的机制，避免每次只要爸妈不生气或气消了就过去了，重点是佳佳自己的生命要成长，看到问题所在，或看到给别人造成的损失。

等气消了（事情过了），还要重温。把事件过程用幽默轻松的口吻再描述一遍，让孩子体会到父母是针对事、出于爱。幽默的口吻，会让孩子重新审视此事，看出需要突破的地方，面对"成长"有轻松的态度。

你或许会说，猜透他人的心思，实在是一件很难的事。孩子小的时候，我们一猜就中，但是孩子大了，有时实在很难。其实，**父母要相信孩子动机多数是好的**。孩子多是天真可爱，对我们充满期待的，了解他们的考量、原本做事的动机是很有意思的事，不是要"猜出"，而是让孩子自己"说出"他们的想法。

这也是把危机"消灭"在萌芽阶段。从思想开始，到说出来，最后做出来，这是必经的一条路。如果孩子思想里存积大量"垃圾"或"不实际"的想法，最终都会用让我们吃惊的话语或行动展现出来。

交心，谈谈孩子热衷的话题，家庭的协谈体制，这些都可帮助我们把危机消灭在最初阶段。有些父母说，孩子以前对我无话不说，但到了青春期，问什么都不讲。其实，孩子小时候来跟我们讲，我们也要表达我们的兴奋，鼓励他们继续自己表达，随时加上我们的肯定和建议，我们跟孩子一生都会是朋友。

孩子的话语在传递什么

第三个成长问题，是孩子所说的话语。从孩子说什么，来观察他们是否快乐、有

　　　　　　　　　　　用什么撑起孩子的未来

什么压力、是否需要调整。有些孩子有激情，随时都在说；有些孩子外表沉闷安静，但其实思想非常活跃，只是口里无话。有些孩子模仿别人，学说脏话、嬉笑别人的话；有些话语里带着失望、沮丧或嫉妒……

孩子的话反映了他心里的状态，给了我们关心的线索，我们需要注意他们都说了什么，或受了别人什么影响。之前提到的"传递爱的能力"，说到引导孩子说安慰、正面、健康有趣的话语，不光对别人说，也是对自己说的。

有些孩子总觉得自己不行，处处带着"揶揄"自己的味道，动不动就说自己"蠢死了"。话语是可以带出定式的，要教导孩子说有信心的话，例如"只有相信自己，他人才会相信你""未经你的同意，没有人能让你自卑""我无论做什么事都能做好"等。

从孩子的话，父母要先反省自己，再来帮助孩子。使孩子可以讲出内心的需要、感受，然后父母帮助他智慧地表达。

你是否知道孩子心中的渴望

第四个成长的问题，是要明白孩子的需要：孩子想要什么？

这个问题，你要抓住的第一个重点，首先就是——孩子是有需要的，要知道他的需要是什么。有些孩子想要一个玩具，家长不准，孩子就满地打滚；有些孩子老想要钱买东西；有些孩子想要抱抱。一个孩子可能有求知的困惑、学业的压力、朋友带来的快乐和冲突，需要关爱、买新物品等等。你要学习看到现阶段孩子最需要的是什么，解决了最需要的，孩子的心就会安定，其他的需要也容易满足。有时孩子说了一些，但心里真正的需要却不好意思讲。父母也要借着观察，把这类需要摸出来。这类被满足了，关系才能够稳定，孩子才会有满足感。

孩子的心不是仅用物质来满足的，还要摸到他需要背后的渴望，第二个重点就是明白这正是我们表达爱的时候，因为需要是心中的渴望带来的。孩子很需要安慰，如果我们一直满足其外在的看得见的需要，例如买东西，有可能孩子虽然穿着新衣服，但是在同学面前还是抬不起头来，或者对自己没有信心，还是不快乐。看到外在的需要，而满足心中的渴望才是更重要的。

如果孩子的需要你并不想满足，怎么办？例如他想买球鞋，但你希望他把成绩搞上去，而不是总去球场，并且他至少已有三双球鞋了。请千万别用下面的方式回答他："买新球鞋，想都别想，把成绩提高了给我看看。""你都三双了还想买？"或者似乎看到了和他讨价还价的机会："只要你这次考到前五名，就给你买。"

其实，我们希望他在素养上成长，不如借此机会分享："你想买鞋我知道了，等我看看家里这个月的消费情况再说。对了，你前天说很怕的那个人，后来你们聊得还好吗？……正好你来讲此事，我其实也有件事想和你谈谈，就是希望看到你对学习有认真的态度了。这样吧，把你的学习提高计划拿来，咱们讨论一下。"

孩子有需要来到我们面前时，最好不要让他们"空手而归"，至少要给一些温暖和关心，让他们感到我们的可靠。当然也不能事事都满足，要有智慧，如果可以与希望他们成长的部分结合起来就很好。不要用大人的话定罪她，例如"虚荣""愚蠢"或是"有什么好看的"，重点是建立。

看到他一直要买"名牌"，我们知道孩子心中渴望美丽，就要来引导他内心对美的认知。有时他渴望有朋友，就一味模仿朋友，朋友有的玩具也要买，这时父母不妨帮助孩子"标新立异"，专注自己的特长。如果孩子因为外形或牙齿等总被同学笑，父母就要留意帮助他作必要的调整，找牙医，免得孩子因同学笑话，心中形成障碍。

如果你的孩子都没有需要，怎么办？多关注孩子的爱好，他就会珍惜和你的关系。甚至可能是和他一起吃某些爱吃的东西、看某个节目。如果孩子连这样的喜好都提不出来，做父母的可能需要反省一下。至少孩子的心对爱非常需要。

如何帮助孩子认知不足

孩子犯错误肯定是难免的，比如说错话、砸了东西、想帮人却帮倒忙等。

例如，佳佳把捡到的钱交给了丢钱的邻居，满心高兴猛一回头，却打坏了瓶子。成长类的最后一个问题就是如何帮助孩子认知不足，并使其成长。

永远留意那些对的动机，并加以肯定。次序上先指出好的地方，明确已经进步的方面；同时指出不足，告知可以改进的方向，并一起讨论。如称赞佳佳拾金不昧，也要指出他受人称赞而忘乎所以，他会品味怎样接受称赞与批评，明白事情都有值得肯定和需要改进的不同方面。

不一定每次犯错都要重复这个步骤，重点是让孩子明白：我是可以成长的，父母是爱我的。

过多强调不足，会使孩子产生厌烦感和心理障碍。有的青少年什么都不想干，仔细观察他们的共同特征就是好像"破了志气"。研究他们的家庭就会发现，过多的挑剔和过高要求下的责难，让孩子无所适从，最后就选择放弃，"破罐破摔"。纠错特别重要的就在于，要让孩子明白我们不是故意苛责他们，而是希望他们成长。

有问题要多和孩子私下沟通解决，有时孩子听了我们的劝解后，没有明显反应，留段时间思考也好。毕竟大人和孩子思考问题的角度和水平不一样，他们经历过了，就会懂了。

认知到自己有不足和被管教并不会挫败孩子的安全感，相反，被正确管教的孩子，对家和父母更有归属感，更有安全界限。放纵孩子，会使孩子不知轻重，产生的后果也会更糟糕。孩子应该具备这些认知：

我是父母的宝贝，他们很爱我；我很棒，现在就很棒，将来会更棒；我当然有问题，会犯错误；但犯错误是暂时的，我可以改进改正，我是有盼望的；父母虽然说我有些急，但他们说的的内容是对的，心是为我好的。

第二封信　看到因果，选择有益的

亲爱的佳佳妈：

上封信我们主要探讨了有关孩子成长的问题。在生活中，你要常常留意孩子的思想是否端正，话语是否健康，行为是否得体，好使生命藤架上结出好的果子。看孩子是否有好的心态，明白选择有益于生命成长的选项是这封信的重点。

在孩子扑朔迷离的外表和形形色色的问题中，要如何找出问题真正的原因呢？凡事有原因就会有后果，让你的孩子随着年龄的长大，逐渐了解原因所造成的后果，对你和对孩子都有益处。

凡事都可做，但总要有益处

因果关系中常见的第一个问题，就是孩子来问"我可不可以？"——我可不可以做这个？可不可以吃这个？可不可以拿那个？可不可以不回家睡觉？可不可以把我的书给同学看？

这类问题最笨的回答就是"不可以"。如果你朋友的孩子很小，他问妈妈是否可以不睡午觉，最好用**正面+原因**的方式回答他："宝宝最好还是睡午觉的好，要不你头昏难受，妈妈会心痛。"

看重生命成熟，选择有益处的

你是一个看重生命成长成熟的妈妈，我们也要教育孩子成为愿意选择有益处的。所以不妨告诉孩子，凡事他都可以做，但这样或那样不一定对他都有益处。随着孩子长大，你要告诉他知道，有因就有果，他做了，就会发生一个后果；不是可以不可以的问题，关键是他是否喜欢那个后果。

首先，当孩子来征求你意见的时候，孩子表达了"尊重"，你要保证认真地听、努力思考，回馈以你的尊重。就算你已经意识到危险或不妥，都要明显表达接纳的态度。因为他可以不来问你，而是去问朋友。如果每次问的结果是被骂，那反正都是"不可以"，为什么还要问？慢慢孩子就形成说谎、躲避的模式。

其次，要态度"温和"地发问，就算你马上猜到他做这事的原因。例如，"我可不可以到朋友家写功课或留宿"，但你知道他想要跟朋友玩游戏机，你还是要装作不懂，问他："为什么想去朋友家住呢？"如果孩子对"为什么"过敏，你可以说："是这样子啊！谢谢你告诉我，你去那里要做什么呢？"

"你们去做作业啊！我知道他们家有一个很好的游戏机。"

"你去人家家住，他妈妈同意吗？"

不论哪一种回答，要提醒他可能会有的"麻烦"。有些"自由"的后面，可能是更大的不自由。但只要跟原则不冲突，没有太大的距离，你都可以让他试一点点，不过一定要设一个限制："好，只要你完成作业，打游戏不超过（一个时间），对方妈妈也同意，就去吧。不过我得跟他妈妈通个电话。"

关键是引发他自己的思考

有个孩子曾经回来问妈妈："妈，我写不完，明天我可不可以和老师说，我的作业本丢了。""哦！谢谢你问妈妈。"当孩子问如何对外人讲时，可以适当地把他的问题，变成"我们"的问题。你需要根据他的年龄，来决定说出你的想法的肯定度。年龄越小，家长就要越肯定："如果你说丢了，万一被老师发现了，怎么办？我们不是更出丑吗？""你再安静一下，看心里怎么想？"

孩子经过思考可能觉得诚实比丢面子更重要。无论如何，孩子需要知道不是被"限制"，而是要选择于生命有益处的。这里的重点是：我们是在为其"出谋划策"，而非"处处刁难"。

当孩子已经很想做某事时，很明显，他们的情感因素已经加进来了。能够把他们带回理性的唯一方法，就是让他看出你的支持而非对立，你用智慧的言语，引导他进入思考。

如果你的孩子可以接受正面的教诲，不妨智慧地告诫他，其实你不是反对他去朋友家住，只是希望知道他们要做什么，你不希望诸如通宵打游戏的事发生。

有时，孩子们来问我可不可以，我通常都说"当然可以了，只是……"。事后，孩子们多告诉我，在认真思考了我的话后，决定不做了。

不是逃避后果，而是愿意承担和面对

因果关系里面第二个常见问题，就是孩子心中常盘算的"有没有办法可以逃避?"。幼小的孩子，在价值体系还不厚实的时候，常会选择不愿意面对事情。比如说不想起床去上学，想着逃学；闯祸了，想着不被惩罚；说错话了，下次看到那个人就跑，等等。孩子的心不敢见光，以为躲得过去。

你做妈妈的，就要和他分析，因为你不去上学，就会被记旷课；闯祸了，就有一个烂摊子要收；说错话了，就破坏了关系。这些"原因"造成的"后果"都是有影响力的。处理得好，处理得快，负面的影响就会小。俗话说躲了初一，躲不了十五，告诉他不是一直想办法逃避，而是想办法面对。既然做了，就要担当。

你要帮助孩子去面对心，想想我们会损失什么。不去学校见不到好朋友，我们粗心忘事别人会着急，乱说话要失掉友谊等等，以至于他选择上学，选择约束自己，选

择去道歉求和睦，这样做了，他的心会享受快乐。父母在处理这些事，要很有爱心，体会他们的心，但是不可迁就。智慧地指出来逃避带来的损失，会帮助孩子培养生活能力，有良好的互动关系。

除了勇于担当外，多种行为都表现孩子想逃避的事实。例如，发现闯祸，要逃；遇见新环境，不想改变；家长把饭做好了，不想吃。

小刚的外公去世了，妈妈哭得很伤心。小刚很想安慰妈妈，但……他躲在门后。

这种种状况都是因为孩子缺乏面对的勇气。孩子有种种理由选择逃避，但你永远可以找到一个理由，使他愿意承担或面对，那就是爱。爱把孩子的这部分性情带入光明的里面，会帮助他勇敢、胜过。

孩子做错事，慢一点定罪他

第三个问题是孩子做错事，闯祸了或说谎了，这个时候怎么办？最重要的就是不要马上作判断。孩子那么做或说谎，一定有他的原因。过快地定他的"罪"："你这个孩子怎么这么坏？""坏小孩""小偷""这是我听到最笨的做法！""怎么养出你这样的孩子?!"这会把孩子推远。

例如,孩子把别人的东西拿回家,千万别"大呼小叫",好像孩子是个"贼"。孩子没概念,可能就是觉得喜欢就拿了。要教育孩子"所有权"的概念。从小教育他,每一件事都不是白白得到的,是需要付出代价和时间,用汗水和智慧去获得的,帮助孩子成为踏实的人。

对孩子的教育,千万不可用钱衡量,这样的教育会使孩子失掉劳动的乐趣。有一个智慧的父亲,他使孩子在暑假期间,每天打扫房间半个小时,开学之初为他买了新球鞋。用一个讲好的"成交"换取孩子的兴趣,让孩子有一个过程,拿到自己的劳动所得是值得的。

孩子说谎怎么办?不仅纠结于说谎的事实,还要分析原因。一个谎话,后面有无数的可能性,害怕被罚、模仿、好玩、随性、别人唆使的、善意的白谎话、逃避责任,不管是哪一样,都和孩子分析由说谎可能会产生的后果。用后果来规避孩子的说谎。

孩子考试作弊了?要告诉他:"妈妈听了很难过,老师也觉得很失望。重点是,这样做孩子你得到了什么?你或许得到了一个好分数,但是失掉了学习的价值,失掉了应有的美德。"

让孩子明白说谎会造成的后果,如亲情的破裂、关系损失、失去祝福、产生遗憾等,使其主动逃避说谎,规避作假。进一步教导:我们家的孩子,是一个正直的人,如没考好,下次考好就行了,"你的成绩不好,不要偷改成绩,妈妈需要知道从哪一科来帮助你。你了解,妈妈是很爱你的",这样让孩子活得坦然,也快乐,而非紧张。

家庭问题在教育中的平衡

在因果关系的第四个问题里,我们要谈的是家庭问题在教育中的平衡。相关联的问题，可能有：爸爸打我，妈妈疼我？爷爷奶奶不让管，爸爸妈妈却限制我？这是很普遍的家庭问题。

教育的单纯性

要留意，不要把一般的家庭问题，婆媳关系、妯娌比较、夫妻和睦等问题，轻易地引入到教育关系里。夫妻中的一方若向孩子转述对方如何恶待自己，这些诱因，都会在多年后尝到后果。有的孩子幼小无法承受，留下伤痛，有的孩童效法，把旧问题引入到他的家庭里，有的带来孩子无端的仇视、轻视。

父母是主责

大家无法一致时，尽量让孩子的父母处理。可以避开孩子，开会、讨论、争执，但是无需把争执的原因告诉孩子。

要亲力亲为

佳佳妈，因为工作的繁忙，你一直在考虑是否把孩子送到爷爷奶奶那里去，我不建议这样做。并非我不理解你，俗话说"三岁看老"，其实人格的形成很大部分完成在5岁或6岁前，到12岁前基本已有了一个定型。

有些夫妻去外地打工，孩子由留在家中的长者养大，称"留守儿童"。一方面孩子人格形成中非常需要父母的爱，亲密期的形成从婴儿期到幼儿期都是很重要的。大人或许觉得工作忙没有办法，但对孩子而言，他们多数感受到的是失望，或者被拒绝。对爱的渴望之强，使他们心志易往错误的方向发展。例如，任何对他们好的人，都可能从普通朋友快速晋升为"密友"，从而容易错误选择。

另外，失掉亲密期培养的孩子易与父母产生疏离和对立，"重回家庭"后，亲子关系也很难发展，因为没有亲密感和信任度。所以，即使环境再辛苦，你要尽量想办法自己带。

父和母的角色

你讲到佳佳爸总打骂孩子，你想管，可不知怎样做。在智慧中，你一定有办法的，你可以也一起说孩子："看把爸爸气成什么样子了?!"然后巧妙地止住父亲。事后跟孩子解释："爸爸是爱你的，我也不同意你的……，当然我不同意用打的，你要原谅爸爸，但是这个事你做得不得体，我和你爸是一致的。"

父亲的角色和母亲的角色是不同的。父亲一般代表了"权柄""权威"，所以要公义、公平；而母亲多代表慈爱，细腻而温柔。

缺乏父爱或母爱的孩子心里易有阴影。如果父母关系不协调，或者缺少一方，或是失去双亲，都势必对孩子的成长造成影响。父母双方都有责任和义务建造孩子。现代社会中有很多新的问题，例如早恋、同性交往、自恋等，常常与家庭角色的缺失有关系。

如果是单亲家庭，母亲带孩子，要给孩子找一位成熟的男性，做其心灵的导师和榜样；如果是单身的父亲带孩子，可以在亲属当中，寻找智慧有爱的女性，担当起母亲的角色。角色的缺失是可以弥补的，代替缺失角色的"爸爸"和"妈妈"在生活中与孩子谈心，完全可以弥补孩子所需要的角色。

选择最好的，期盼结实百倍

最后一个问题是："我的选择到底好不好?"农民种地，捡选好种撒下，期盼它生长起来，结实百倍。价值观的建造，就是把对的、好的根植于孩子的心，以期盼有好的收成。我们要帮助孩子选择有益处的，选择最好的。选择"品格"过于"行为"，选择"态度"过于"对错"。品格表现了人心的向善性，健康的态度带人向上。

佳佳妈，你有没有见过因为讲理而不顾礼仪的呢？那些得理不饶人，或因为对方行为欠妥而一直"耿耿于怀"的，是不是在"用别人的失败"惩罚自己呢？那些都在怪别人，或抱怨的人，他们的生活质量也是不高的。什么样的态度，就会带出什么样的人生。从小就帮助佳佳选择态度，选择正面的，会帮助孩子有适应力。

你说佳佳不太想学习，成绩不理想，遇见事情也不太愿意改变。一方面，比那些争强好斗、常常撞得头破血流的孩子，你的孩子或许有他的长处。另一方面，你可关注培育孩子的上进心。当然不只是看学习成绩好坏，而更要留意是否有学习力。

你可以用故事让孩子自己思考。在生活中，陪伴着他一起培养一些兴趣。同时，找出成绩不好的原因也是必要的。要留意培育孩子的学习习惯，让他习惯老师的讲解技巧，重点是通过配合他的家庭作业，告诉他学习是在学什么，老师考试是在考什么。从他所学的功课中，先选一门作为突破点，重塑他可以学好的信心。他有了学习的自信心，一段时间后成绩自然会有一些提升。

引导孩子选择有益处的、上好的，你要借着观察，帮助他分析出原因，并讨论可能发生的结果。这样孩子自然就在一个对的生命架构上成长了。

　　　　　　　　　　　　　　　　　　　　　　　　用什么撑起孩子的未来

第三封信　由随心所欲到内心成熟

佳佳妈:

　　这封信里,我们来继续来探讨孩子内心成熟的问题。你说,有时你带孩子带得好伤心,好像他完全不明白父母的"好心",每天活在自己的里面,喜好做自己的事,喜欢别人顺着自己。不知什么时候,他才可以长大呢?

　　这正是我们要教育的部分。我们要把握生命藤架,让孩子由喜好随心所欲变得内心成熟起来,愿意被约束,由喜好自我关注,变成喜欢看到别人的需要,喜欢听并听得进别人的意见,同时不再推脱责任,成为喜欢为自己负责的人。

孩子不明白父母的好心?

　　"给孩子做了最好的安排,怎么他就是不喜欢呢?"解决这类问题的前提,是认识孩子有向往自由、自主选择的渴望。

　　"我花钱找关系让他转到这个好学校,他却很不喜欢。"

　　"我觉得他应该上医科,他偏要去学文学,我们的关系很紧张。"

　　"我觉得这个同学可以做他很好的朋友,但是他就是不喜欢。"

　　……

　　这种问题若解决不好,势必会使我们和孩子的关系越来越疏远。小到买什么鞋子、穿什么衣服,大到学什么专业、选什么工作,有些父母甚至会安排孩子的婚姻,包办一切。其实观察一下你就会发现,接受大人安排而不吭气的孩子可能完全不感恩。他们会觉得"你愿意做，就让你这样做吧！"，多数遇事胆怯，拿不定主意。而不接受包办的孩子，会形成悖逆、我行我素的个性，造成许多不和谐的亲子关系。

安排与控制是有区别的。安排是希望尽量地照顾，控制是要求孩子都听我的。最好的分别，就是当孩子不按照你所安排的时候，你是否会生气、伤心。如果有，就说明你有太想控制的心。有控制欲的母亲，其实会把孩子推得很远。你可以回头自己想想，你愿意接受你的父母对你的每个安排吗？

对孩子所喜好的，父母应持怎样的态度呢？重点是根据孩子的年龄。十岁以下的孩子，我们要多和他讨论，并列出各自的利弊。再大一点的孩子，我们要智慧地给出意见，并在旁边守候着。

青春期的孩子，父母甚至可以使用一下"欲擒故纵"的策略。一是熟悉其个性后，往相反的方向说，使孩子自己明辨。二是把自己需要面对的选择，请他来做参谋。孩子在"当老师"的时候，会相当正面和公平，这样的话，也会引发孩子对自己的问题的反思，做过"教练"的人，通常对自己的行为比较"收敛"一些。

孩子"随心所欲""不经大脑"？

还有一个问题，其实也是很多大人自身的问题。就是孩子把钱不当钱，把情不当情，把重要当次要，把些微当巨大。简单地讲，搞不清状况，分不出轻重缓急，随心所欲地做事、说话、花钱。孩子有时分辨力还不够，我们会为他着急，甚至很生气，有的家长形容，"把自己卖了都不知道"。

这样的问题父母既担心又无助，但不知如何拿捏？一个妈妈说："训斥多了孩子会害怕，不讲吧，他好像整个儿一个大傻。"的确，这样的问题，你不能总是教他该怎么说，或直接告诉他怎么做，不用心体会的话，他会出更大的"笑话"。要不然就是

用什么撑起孩子的未来

变得唯唯诺诺，凡事都拿不定主意，都来问你。

其实这样的现象可以说孩子不成熟，也可以说"不经大脑"。很明显，他们在说和做的时候，心在"睡大觉"。重点是把握动机，训练孩子思考，用心体会。其次是循序渐进，一点一点来，要有耐心。

训练他们的"心"有感觉，例如，父母在拿钱买东西或刷卡时，要智慧地告诉孩子钱是辛苦赚回来的。最好培养孩子可以自己攒零花钱而买一件物品，做一个简单的理财计划。帮助孩子设立目标，然后倒推回来，计算代价。要自己亲身经历付代价才能"买到"东西，孩子的心对钱才有感觉。

还有一个训练可以帮助孩子从"不经大脑"，变成用心思考。让孩子列出所有需要做的事，然后用1~10在每一件事之前标出重要性（大家一起讨论），在事件后标出喜欢度（这是仅作为参考）。每天先选最重要的事来做，然后就可以选那些重要+喜欢的事。孩子的单子可能是：

重要性	需要做的事	喜欢度
10	写功课	1
5	给奶奶打电话问好	4
4	帮妈妈收拾碗筷	2
7	看动画片（电视）	8
8	和爸爸出去放风筝	10
…	…	…

这样的训练会帮助孩子的心敏锐于自己的职责，愿意被约束。

孩子都是喜欢随心所欲，他们觉得那是自由和快乐。当他们开始尊重别人和喜欢被约束，他们会认识到另一种自由和快乐。

对自己负责，对父母透明

孩子出去想喝点东西，我们告诉他喝这种饮料不健康；孩子在沙发上睡着了，我们赶紧告诉他回房间去，沙发不舒服。其实这给孩子的感觉都是"妈妈认为的"。如果换个做法，告诉他我们读到研究报道，饮料里面有太多糖分，所以不健康。用引导和分享的方法，把问题透明化，不强作要求会使孩子容易接受。

一个妈妈在女儿开始上小学后就让她明白：你的生活要自己负责，妈妈会尽量提醒你，但你起不来导致上课迟到，不能怪妈妈，因为那是你的责任！在朋友面前表现好，也是你自己的责任。当然，家里有客人来，妈妈也会告诉你，来的客人有什么特点和爱好。孩子就会明白，父母不是在强制她，而是希望她好。

让孩子诚心乐意地接受我们，而不是处处挑战我们的权柄。我们的责任是告诉他利弊，透明地分析问题，让孩子自由选择，因为责任是他自己的。允许他选得差一点，保持和睦相爱的关系，即使走偏一点，只要关系在，我们就可以保留提醒权。

孩子晚上偷偷摸摸跑出去不告诉我，和别人交朋友也不告诉我，偷拿钱也不告诉我，一天一个想法，决定了就做，闯祸了就回来求帮助……这正显明我们教养的损失，显明所在家庭并非一个透明的场合。在教育中，我们要透明我们的想法外，在做人方面，父母也应有"适当"的透明。

怎样透明些呢？可以把自己的软弱讲一些，例如爸爸准备和老板汇报工作，感到有些压力；妈妈很累，不想收拾家。但是，即便有压力，也会全力以赴；因为爱这个家，所以会定期清洁。要留意不是抱怨，因为那会传递负面的信息。让孩子知道我们都是有挣扎的，那是生活的真实。要根据孩子的年龄和心理承受能力来分享，目的是透明。

坦诚分享自己和孩子互动中的挣扎，也会对孩子的建造非常有益处。这样的分享，使孩子看到我们思想的真实面，感同身受，也容易帮助孩子明白我们的心，帮助孩子喜爱美好的事。

例如，一个爸爸讲了这样的故事。在挣扎之后，爸爸主动找到儿子，谈到看到孩子不听话很伤心，本来都不想管他了。可是爷爷以前也是不弃不离，始终在爱里帮助自己，所以，反省自己上次对孩子说话太严苛了，想来道歉，并想和儿子谈谈。这位爸爸说，儿子听后，马上向爸爸认错并保证改正。

林肯参选总统时，他的强敌斯坦顿想尽办法在公众面前侮辱他。林肯都选择了沉默。林肯当选后，却选斯坦顿出任最重要的参谋总长。消息传出，一片哗然。林肯回答说："我认识斯坦顿，我认为他最适合这个职务。"果然，斯坦顿为国家作了很多贡献。当林肯被暗杀后，斯坦顿对躺在福特戏院里的林肯说："这里躺着有史以来最完美的统治者。"

爸爸选择了和儿子说，面对了自己的心，是在表达爱。林肯面对斯坦顿的羞辱，选择不说，也是爱。说或者不说，都是依据爱，要让孩子明白大的方向。但在生活互动中要尽量坦诚，隐瞒父母，只能带来心的距离。

孩子喜欢的都没"营养"？

"他喜欢的怎么都是没'营养'的？"似乎孩子喜好的多数是不健康的，吃快餐，做没用的，听无聊的，讲没营养的笑话，看不该看的……我们可以总是提醒，但是他们就是会选"下沉的律"呀？不能看着孩子彻底堕落，或经受太多损失吧？

提醒孩子的话，最好不要都从我们的嘴里说出，至少不能只是由妈妈来提醒。因为，我们还要和他维护正面和信任的关系嘛！家长要避免孩子一旦和我们独处，就觉得我们要指正他们了。有了防备心，孩子也不容易听进去，效果也不会太好。

鼓励你选定一些亲友来做生活辅导，可以多方面多角度地提醒孩子。因为孩子跟父母太熟悉了，好像有点界限不清。但是一个值得信任的辅导——生活中关系很近的亲人、朋友，或许能帮上忙。多和老师配合，也是好方法。

妈妈有智慧地在教养孩子品格上与家人达成一致，非常重要。这样的话，全家上下，可以分别从不同角度提醒孩子。有研究表明，听到3次以上，孩子才容易对一事警醒；操练21次，才可使某个习惯逐渐养成。妈妈最好成为那个最后提醒的，而提醒的内容仅仅为："最近小澜阿姨和你说了什么呀？"然后鼓励他，一起讨论成长。

不要怕孩子喜好的东西没"营养"，其实我们自己年轻的时候，不也是那个样子吗？我们要做的，就是告诉孩子，"这些都是爸爸妈妈失败的经验教训，讲给你听，希望对你有帮助"。任性的孩子醒悟过来，会更明白我们的爱。耳朵喜欢听的孩子，心里是低伏的，在将来的生活互动中，听得进别人的建议，会一生受益。

孩子总是想着自己的需要？

"他总想着自己的需要！"喜欢别人围着自己转的，不仅是你家的孩子，许多妈妈也是这样评价自己孩子的。孩子不是来抱怨没玩的，好无聊，就是告诉你，觉得需要再买一个新的东西。难道他不知道赚钱有多辛苦，大人也有很多需要吗？

教养最成功之处，就是把孩子从自我中心变得可以关注别人的需要。

那些动不动就大哭和尖叫的孩子，就是发现如此可以引起家长的注意，达到他们满足自己需要的目的。让更多妈妈有共鸣的，就是常常自己在非常不方便的时候，孩子却在大声问问题、提要求。当然，这要考验妈妈的耐心和情绪控制的能力了。

第一要点，是不仅在孩子犯错时，才处理和指正，在孩子表现正当和表达对人关

爱时，要加倍肯定。"宝宝今天自己把饭吃了，太好了！""老师说你今天帮一个尿裤子的同学，我以你为荣！"同时，当他们任性、想恶搞时，表现出坚定且不受影响的样子。这样，孩子慢慢会发现，哪些才能够吸引大人眼球。

第二个要点，是主动训练孩子的眼睛去观察。例如，一起看节目，问问孩子看到了什么。妈妈在安慰朋友，爸爸让女儿不说话，观察朋友表情的变化，情绪的稳定过程。另有一个妈妈，常常和女儿用一个星期观察人，写出他们的优点或擅长。

多倾听、再表达是种美德。当孩子更多懂得用眼睛看、用耳朵听，再启发孩子用心去体会，你会发现，孩子会看到别人的长处（自己没有的），观察到安慰人对他人带来的益处，还有世界不是围着自己在转的，周围在发生这么多事！这离孩子可以觉察到他人的需要就不远了。

第四封信　常常被问到的几个问题

亲爱的佳佳妈：

除了前面谈的问题外，还有几个问题是常常被问到的，我也想和你分享，希望对你有帮助。

我能回答孩子的问题吗

很多教养的问题是很实际，很具体的。例如，该不该让他吃冰淇淋？该不该让他看电视？他考试总粗心怎么办？孩童的问题具有多样化，但是其本质，都是给家长一个机会，可以去教育孩童。

平常你要有观察的功夫，找到他现阶段生命的功课，特别是那些品格、态度或生活技能的，不管孩子问什么具体问题，可以智慧地把你希望他成长的内容带入问题解答，使孩童成为一个明了事理、甚至幽默诙谐的人。

"孩子讲的东西我都不懂，做的功课我也辅导不了，提的问题和所说的场景我也不清楚，我如何教育他？"**在价值体系里教育孩童，并不需要完全知道细节。**

对于孩童的问题，常常可以问："那你是怎么想的?""你是怎样决定的?""你的同学都是怎么想的？怎么样决定的?""你的老师知道这个，他会怎么说?"借着这些，增加我们的知识领域、增加我们的判断能力。

因着现在社会的快速发展和家长的繁忙度，或许很多学校里的情况、孩子实际面临的难处、心灵的问题，父母都无法理解，也不知如何回答。所以，父母要逐渐为孩子寻找心灵的辅导老师，或许是他的班主任，或许是他容易听进意见的长者，当父母给孩子意见的时候，孩子不会觉得"你又不懂"。你至少可以告诉孩子，你和某某谈过了，他也是如此认为的。

可以随时请教那些对教养有成功经验的长者。不要纠结于怕自己的长辈对孩子有溺爱。实际上，在自己的周围形成一个长者的氛围或圈子，可以帮助我们的教养。好的书籍和网站，也是一个方法。微博、网吧形成讨论的小组也很好。请教问题时，把场景、态度还有孩子的反应诸多因素，都要用简洁的话表达清楚。

最后，我要鼓励你的是，其实和孩子一起成长，是非常有趣和有意义的事。

我一定要管他吗

你提到你想按计划教育孩子，可是他不跟着你"走"。我理解你一定很失望，也没有爱再去和他谈了，有时真的很想放弃。

其实你只是在气头上，过几天，你会发现，你的爱又回来了。你要保守你自己的心。一方面，父母要尽义务，另一方面，每次和孩子"怄气"后，有多快可以放下，也是在建造孩子，其实他们都在观察我们。如果显得大度，并不和儿子计较，你会发现，你的孩子将来处理这些事，也会得心应手一些，"不容易往心里去"，可能成为他们的模式。

我在一些青少年项目中，发现在青少年形形色色的问题和表现中，"情绪问题"永远是贯穿的主线。孩子们无论面对自己、同学，还是打工同事、老板，每天都在面对情绪问题，每时每刻都在挣扎当中。这些问题，当然有遗传的因素，每个人先天的气质类型都不同，但是多数是后天教养带来的，即与孩童期和父母之间所累积的问题有关。

"我们已经管孩子的吃穿，为什么还要管他们的建造？儿女自有儿女福。"这样的认知是可惜的。父母需要了解生命的规划，应该明白孩子需要在对的价值体系里面被建造，将来他们有生涯的发展，他们是一个家庭人，同时也是一个社会人，他们有社会责任、家庭的责任，还有很多工作的责任。

如果父母常年打工在外，要特别留意在假期，或者是书信、电话中，多多肯定孩子。不要只是一味地强调学业、强调要听话，要告诉他们："虽然我们在异地，但是我们非常的牵挂你，非常的爱你，我们也很信任你。你有什么问题可以找谁谁谁。"让孩子依然可以感受到父母的爱。

我是否应该打骂、体罚孩子

首先，不要在怒气中管教孩子。孩子可能不记得事情，但会记住感觉和父母的神情。

怒气中的管教，会使孩童幼小的心，被过度震撼，他们会吸收负面的怒气，最终影响个性的发展。若父母实在未能控制住，应在心平气和后，澄明自己的心态，对发怒表达歉意。特别是要打开心扉阐述，自己是怎样被惹怒的，是在哪一个细节被惹怒的，好让孩子清楚你是在说事，明确自己的问题。

适当的管教是必要的。针对孩子一而再，再而三，或者具有危害性的行动，必须使其产生足够深刻的反省。但绝不可是打脸等带有侮辱性的体罚，我建议禁足，使其印象深刻但不伤及身体。

孩子被责罚后，父母要找机会向孩子表达爱，要让孩子明白并且非常确定父母是爱自己的。正是因为出于爱，父母才会有严格和真实的管教，并且要让孩子知道管教的原因是什么。

青少年期是不是会很可怕

青少年期，一般指中学时期，大约是12~18岁；美国爱家协会Focus on the Family 创办人James Dobson，则将青少年期定义在15~25岁。青少年期是个身心灵都在成长的时期，这也是它最重要的特质。有研究表明，因为大脑并未完全成熟，再加上荷尔蒙及生理特征的改变，这个时期的孩子通常较少理性，而是感觉至上，很情绪化。

当你的孩子进入青少年期，你那乖巧听话的小天使，就好像忽然变成像小魔鬼一样，不再对你言听计从，不时口出怨言，不按时回家，服装仪容叫你抓狂，并且交往同样奇装异服的异性朋友……这都是许多家有青少年孩子的父母之梦魇。

孩子长到这么大了，有这类表现，父母看了虽然很担心，甚至很生气，但这时已经不是严加管教的时候了。因为他们要开始更多学习独立，他们会表现得不那么听父母的话，其实不一定是叛逆，可能只是需要整理想法，来作出一些决定。但父母通常没有耐心，也不明白要等他们，而是会张口告诉他们该怎么做，或是伸手干预他们的决定，亲子冲突就这样展开了。

在他们逐渐走向独立之时，我们看着不好的，可以明确告知，但一次就够了。但当我们逐渐放手时，也必须在关爱中告诉孩子，既然让他作决定，他就要学习为自己所作的决定担负责任。

他有时跟朋友出去，或晚回家，我建议只要**将担忧化为对他的祝福**。唠叨或责骂，通常只会带来更负面结果。可以告诉他，你愿意信任他知道如何分辨；而不要唠叨他、责骂他，只要继续爱他。

青少年是发育成长的重要时期，也是荷尔蒙分泌的旺盛期，开始对异性有更多兴趣。如果他在儿童期结束前没有得到合适的性教育，应当在青少年期开始时找机会帮助他，不要让他的性知识都来自同侪。

　　年轻人能在青少年这被塑造成形的黄金时期，有美好的成长，我觉得多半情形下，关键人物是父母而不是年轻人。我相信，如果父母没有作出错误的干涉，这些年轻人多半自己知道怎样走得好。有很多父母反映，他们的孩子在成长过程中，是没有悖逆和所谓青春期问题的。

　　要尽量相信你的孩子是个好孩子，他本身即有很宝贵、很尊贵的东西；我们也不要因为他犯过错，就一直担心他再犯错，而不时提醒他曾犯的错，那会使他更不容易走出自己美好的道路来。我们若多以爱、温柔、信任、尊贵待他，他一定会变得愈来愈美好。

孩子将来会怎样待父母

　　我老了，孩子会对我冷酷吗？他将来会怎样对我呢？父母或许没有问这样的问题，但是心里有时也会嘀咕一下。有些父母会试探孩子："你更喜欢爸爸，还是更喜欢妈妈？""如果我们离婚了，你会跟谁？"其实，父母的心中都想看看自己在孩子心中的地位如何。**我们无法预测那个明天，唯一可把握的是今天。**

　　今天我们要引导我们的孩子往人性化发展，简单来讲就是有人情味。他是有感情的，可以自由地表达情绪和情感，可以用理解和关爱去对待身边的人。有人情味的孩子豁达宽广，不光可以捕捉到自己的感受，也可以捕捉到他人的感受和需求。爱成为他们的标志。

　　你看重的是什么，孩子教养出来就展现什么。看重的是孩子的品格和动机，孩子就会往人性化方面发展。要培养一颗有爱的心，核心还是价值观的问题。

　　请恕我再次提到价值观要生根于心。心主要在生活中去历练、洁净、调整，生活中的每一个层面，都可以并应该回到心的层面。

　　最后，无论教育中有多少个具体问题，都要让它们为孩子的成长和心灵成熟来效力。爸爸妈妈们的努力，一定会结出丰硕的果实。用价值体系为孩子搭建的生命藤架，至终会帮助孩子长出自己的生命架构，支撑起他们美好的未来。